Avec tout mon amour...

Par

Sandrine Fort

Sommes-nous préparés à suivre le chemin de notre vie ?

Souvent, lorsque je remarche dans les pas de ma jeunesse, sur la route qui me conduisait à l'époque, ici ou là, je me revois enfant, sautillante, insouciante, pleine de rêves, sur ce même chemin, et je me dis…si j'avais su…qu'aurais-je fait ?

Qui prend le temps, lorsque l'amour sonne à notre cœur, de réfléchir et de se poser la question : est-ce le bon ?

Car avec le recul, mes choix, les choix de tous, seront remis en question.

Qui ? Hormis nos grand-mères, qui étaient programmées pour être des épouses et des mères uniquement soumises à l'Époux, qui donc n'a jamais regardé en arrière avec sinon des regrets du moins de la mélancolie ? Passée la passion, qui finalement est aussi une question d'hormones, nous devons vivre avec des gens qui souvent sont si différents de nous, que toute notre bonne volonté, tous nos espoirs et tous nos rêves n'y résistent pas. C'est alors le temps des regrets, et pour longtemps, sur nos choix. Alors, nous repensons avec nostalgie, aux sages conseils de nos parents, les mêmes qu'aujourd'hui, nous donnons à nos filles, sans beaucoup plus de succès.

Et voilà que nos enfants, parce qu'il y a vingt ans, nous avons suivi notre cœur, passent leurs anniversaires sans leur père. Et voilà qu'il nous le reproche. Et voilà que nous souffrons encore, et que nous n'y pouvons rien !

Quelle que soit notre destinée, nous l'avons rarement choisie et je ne pense pas que nous y ayons été préparés.

J'ai tendance à penser, heureusement, car certaines épreuves sont si lourdes à porter que nous aurions tout fait pour les éviter. Et pourtant, ce sont celles-là mêmes qui nous font vraiment grandir, nous rendent meilleurs, et dont nous tirons nos plus grandes joies.

Encore faut-il savoir grandir …

« L'avenir c'est du passé en construction »

Ayez toujours à l'esprit cette pensée de Pierre Dac,
et profitez au maximum de chaque instant.

Chapitre I

Mélanie

Par où commencer ?

Je ne sais plus.

A force de me dire « je vais l'écrire ce livre... » .

Les jours, les mois, les années ont passé et maintenant...par où commencer ?

Comment mettre sur papier ces vingt-cinq dernières années, qui ont fait de moi celle que je suis... ? Dure, stricte, têtue, forte, grande gueule mais aussi exigeante, plus envers moi encore qu'envers les autres...et j'en oublie sûrement !

Pourtant, il le faut.

C'est important !

C'est important pour mes enfants, pour ma famille, pour mes amis, pour moi, mais surtout, c'est important pour toi, Alec.

Certains trouveront peut-être prétentieux de vouloir écrire sur ma vie. Il doit y avoir tant de personnes pour qui la leur n'est qu'une succession de misères. Oui, mais à toutes ces personnes, j'espère apporter un moment de répit, une parenthèse au milieu des déboires et une vision des choses, qui leur fera comprendre que l'on survit à presque tout. A un – voire à deux- mariages qui se terminent et même à l'accompagnement d'un enfant que l'on sait condamné.

L'important, tout au long des jours, bons ou mauvais, c'est d'être en accord avec soi-même, et de ne pas perdre de vue : l'amour. L'amour avec un grand A, pas celui qui monte de notre ventre et qui est souvent le fruit de nos hormones, et peut s'effacer. Non celui qui vient des tripes et que rien ne saurait altérer. Notre amour indéfectible, pour ce qui est la plus belle partie de nous-mêmes :nos enfants. Sans oublier un soutien important, l'amour que nous porte et que nous portons à nos amis, nos proches...En résumé, les nôtres.

Je vais essayer de vous dire, de vous écrire, de vous confier, un petit bout de la longue route, qui m'a conduite à ce jour de janvier 2010, où s'est imposée à moi, l'idée de mettre, enfin, sur papier, cette histoire qui est la mienne et que j'avais toujours souhaité écrire.
Car s'il est des douleurs qui ne pleurent que de l'intérieur, il faut parfois le témoignage des larmes d'une mère. Un témoignage, de la force qu'il lui faut déployer pour supporter l'insupportable et lui survivre.

Avant de commencer mon récit, j'aurais tendance à préciser que je ne règle ici aucun compte. Je mets juste sur papier, ce que j'ai encaissé durant tout ce temps.
Ce sont les faits, tels que je les ai ressentis, c'est tout.
Alors, non, je ne règle pas mes comptes...et pourtant !
J'allais oublier dans la longue liste de ce que je suis...je suis grossière, pas vulgaire, mais grossière...et oui, malgré ma bonne éducation, ma connaissance des règles de bienséance, du

genre : « merci ; bonjour ; est-ce que je peux ; pardon de vous déranger... » Et autre formule incontournable pour moi ; j'avoue, je suis parfois grossière...et qu'est-ce que ça fait du bien !

J'ai toujours eu un caractère fort.
J'ai toujours pensé que je déciderais et que je mènerais ma vie telle que je l'entendais. Mais voilà ! La vie m'a prise et m'a menée là où elle le voulait.
A l' instant où je pose sur ces pages, les évènements qui ont décidé de ce que serait ma vie, j'ai 46 ans, je suis mariée et j'ai quatre merveilleux enfants. Mais à l'époque des faits que je vais relater, j'en avais tout juste 22, et j'avais la vie devant moi !

Si les souvenirs qui se sont imposés à moi datent de cette période, ce n'est pas par hasard je pense, car ma vie, toute ma vie, va être à jamais marquée par mes enfants ; sans doute plus que la plupart des mamans, par la force des choses et par ce destin, qui allait m'amener à emprunter ce rude chemin pour lequel je n'étais pas préparée.

J'ai eu mon premier enfant à 22 ans. Je ne l'ai pas cherché. Il est venu à moi, malgré la pilule que je prenais à l'époque. Je revenais d'une saison d'hiver à Valmorel, où je m'étais enfuie trois mois plus tôt, grâce à ma sœur qui m'avait trouvé, à ma demande, une place de serveuse.

Logique, car je sortais de l'école hôtelière Paul-Valéry.

Je m'étais enfuie, pour me remettre d'un chagrin d'amour immense (ne le sont-ils pas tous ?).

Un chagrin, qui, à l'époque, selon moi, pouvait me détruire, car il y a toujours dans la vie, un moment où l'on pense que le pire, est la douleur de perdre Son amour.

Etienne, m'avait trompée une fois de trop, et mon monde s'était écroulé.

Je me retrouvais donc serveuse à Valmorel, et bien décidée à en profiter, car cette fois-ci, je ne lui pardonnerais pas.

Ma sœur m'avait trouvé cette place, et c'était seule, que j'avais pris le train, puis le bus et que je m'étais retrouvée à Valmorel la belle, persuadée que le destin me faisait un clin d'œil et qu'avec un nom pareil, je ne pourrais, que, tourner la page.

J'ai donc fait la saison en tant que serveuse dans un resto sur les pistes.

J'étais dans mon élément !

Durant les deux mois et demi, j'ai beaucoup travaillé. Beaucoup. Sept jours sur sept, service non-stop.

Mais qu'est-ce que je me suis amusée aussi !

Avant de me retrouver là-haut, je ne connaissais pas l'ambiance des stations d'hiver. Mais je l'avoue, lorsqu'on a vingt ans, et que l'on est bien décidée à noyer son chagrin…s'occuper des moniteurs de ski…faire la fête tous les soirs, ça aide !

L'ambiance est top ! Les moniteurs bronzés, la fête facile !

Et puis, nous sommes rentrées à Menton, ma sœur Pascale et moi, saison terminée.

Menton où je vivais depuis mes quatorze ans et où mes parents avaient un restaurant, « La Marinière », dans lequel je travaillais, pour les aider, même du temps où j'étais étudiante.

J'étais rentrée, certes, mais bien décidée à repartir à Valmorel pour la saison d'été.

Mon patron là-haut, me l'avait d'ailleurs proposé.

Pourtant la vie en avait décidé autrement, et commençait, déjà à suivre « sa route ». Dès mon retour, avec mon amie, Antonella, nous sommes parties pour une petite virée, bien décidée à continuer la fête, dans un endroit qui était un de nos QG, le « Queenie ».Ils étaient à l'époque, avec le Club 06, les deux seuls pôles de nos soirées « jeunes », et nous ne nous privions pas de la joie qu'ils mettaient dans nos vies.

J'avais la couleur du pain d'épice, altitude oblige, je me sentais bien…, j'avais presque oublié Etienne. Presque…

La faille dans mon histoire, c'est qu'il y avait un petit presque !

Et, ce qui devait arriver, arriva.

Nous nous sommes croisés, Etienne et moi, un beau soir au « Queenie », il est venu à ma rencontre. J'étais sûre que je serais assez forte.

Que je serais capable de résister à tous ces tours de beau parleur…mais la vie m'a ramenée vers lui et j'ai succombé.

J'ai succombé à son numéro de charme, à ses flatteries, au fait qu'il me trouve superbe, au fait aussi que trois années ne s'effacent pas d'un coup de baguette magique.

Il avait durant mon absence, loué un petit studio en ville. Choix dans lequel j'ai peut-être à tort, voulu croire à un signe de maturité nouvelle. Il m'avait de plus, juré qu'il avait changé, qu'il avait compris. Je l'ai cru !

Bref…j'ai re-craqué.

Oubliée Valmorel la belle, oubliées les fêtes et les soirées. J'ai trouvé un petit job d'été au palais Princier à Monaco, comme guide.

Par amour, j'avais renoncé à mes projets, par amour j'avais repris la route que m'avait tracée la vie.

Un jour, en fin de journée, je me suis sentie fatiguée.

Ce n'était pourtant pas mon petit job qui me crevait.

C'était, je m'en souviens très bien, un vendredi. Etienne rentrait du travail vers dix-huit heures. Il me trouva endormie.

Je me suis réveillée avec un mal aux seins à pleurer.

Va savoir pourquoi, alors que rien ne me le laissait supposer, j'ai annoncé tout à trac : « Je suis peut-être enceinte ! »

Il a souri en me demandant, si je prenais toujours la pilule, ce que je faisais bien entendu. Je me souviens avoir pensé, « alors je me trompe sûrement ! »

Le lendemain à la première heure, je me suis tout de même précipitée dans la pharmacie la plus proche, afin d'acheter un test de grossesse.

Je nous revois, assis tous les deux côte-à-côte, en attendant le « verdict » !

Bleu, positif. Blanc négatif !

Jamais le temps ne m'avait paru aussi long…il sembla s'étirer jusqu'à ce que la pièce prenne la couleur bleue.

Je me suis levée.

J'étais figée, ne sachant si je devais rire ou pleurer.

J'avais 22 ans, je vivais avec un homme que j'aimais, bien sûr, et qui m'aimait aussi, du moins en étais-je persuadée à l'époque, mais nous venions de nous retrouver et l'avenir me paraissait incertain.

Dans ce petit studio de 20 mètres carrés…que de questions d'un coup. Que de doutes.

Et puis, Etienne m'a dit « je t'aime, mais je vais prendre l'air ! »

Pas de quoi me réconforter vraiment.

En réalité, je l'ai appris par la suite, il était parti voir ses parents pour leur annoncer la « Grand nouvelle ».

Quand il est rentré, il m'a regardé et m'a dit,

- Si ce bébé est là, ce n'est pas par hasard. C'est pour que je me calme. On le garde. !

Plus aucun son ne sortait de ma bouche.

Le bonheur, certes…mais le sentiment que désormais plus rien ne serait comme avant. Si je décidais de garder ce bébé, je m'engageais dans une vie de couple « pour de vrai », cette fois-ci. Une question cependant me taraudait…avais-je assez d'amour et de confiance envers Etienne pour nous offrir cet enfant ?

Le lundi suivant, j'ai fait une prise de sang, qui a confirmé le premier test. Ce qui, en quelque sorte, a décidé de la suite des évènements, car à ma grande surprise, la laborantine m'a annoncé que j'étais enceinte de huit semaines.

A ma grande surprise, c'était évident, j'allais être maman.

Que dire ?

Quo la vie m'avail rattrapée pour me mener là, où se trouvait mon destin ?

Sûrement. !

Que je n'avais plus vraiment le choix ?

Certainement !

Qu'en quelques secondes toutes mes inquiétudes s'étaient envolées, et qu'une joie immense m'avait envahie ?

Absolument !

Car je savais que toi, ma fille Mélanie, que je ne connaissais pas encore, dont j'ignorais même que tu serais ma petite poupée, je savais, que dis-je, j'étais persuadée, que tu serais l'un des plus grands bonheurs de ma vie.

En cela je ne me suis pas trompée.

Bien sûr, il a fallu que je l'apprenne à mes parents. Bien sûr, les choses ne se sont pas passées si facilement. Ma mère qui connaissait les souffrances que j'avais endurées avec Etienne... Elle n'avait aucune confiance en lui, à juste titre, l'histoire le confirmera. Elle a essayé avec mon père de me faire changer d'idée.

Rien n'y fit.

Avec le recul, à la lumière de tous les chagrins qu'il m'a infligé par la suite, je ne peux que les comprendre et les remercier d'avoir voulu me mettre en garde.

Mais, déjà, ma vie ne m'appartenait plus. Déjà, mes entrailles parlaient pour moi.

Je me souviens, lorsque j'étais entrée dans le restaurant, ma mère m'avait demandé de me tenir droite et de rentrer mon ventre.

Lorsque je lui avais appris que ce n'était plus possible, elle s'était décomposée.

Qu'aurait été ma vie, si j'avais écouté mes parents ?

M'aurait-elle rapprochée de mon premier flirt, de mon premier grand amour, de ce garçon avec qui j'avais été en classe, qui était venu me chercher chez mes parents au restaurant à la même époque, et à qui ma mère avait annoncé ma grossesse ...

Ce garçon, que je n'ai jamais oublié. Je le sais aujourd'hui, il était aussi fou amoureux de moi que je l'étais. Amoureux comme on l'est à quinze ans.

Hélas, les aléas de la vie nous ont séparée jusqu'à ce jour de mes 22 ans, où plus rien ne me semblait possible avec lui, maintenant que mon ventre me poussait vers une autre vie. Mais je crois l'avoir déjà dit, la vie….

J'ai donc fait abstraction des cris de ma mère, qui, je le sais maintenant étaient tout simplement la manifestation de sa peur, de son angoisse pour moi, pour mon avenir et sûrement aussi pour ce petit être qui grandissait dans mon ventre…
Je lui avais tant et tant répété au moment de notre séparation, à quel point Etienne était un con égoïste et coureur de jupon.

Quelle maman n'aurait pas eu peur pour sa fille ?

La Vie, avait fait de moi, une maman. J'avais accepté ce rôle avec bonheur, et un temps, je me suis laissée emporter par ce rythme de mère au foyer.
Le globe-trotter, que je me croyais destiné à être, s'était laissé rogner les ailes.

Après tout, j'avais connu les Etats Unis, l'Ecosse, l'Angleterre, la Suisse, le Maroc…avant ma vingtième année, vivre à Menton ma vie de mère et d'épouse ne semblait pas un renoncement, au signe d'air que je suis.

Chapitre II

Arnold

« Ce que nous allons faire, c'est nous marier, on paiera moins d'impôts ! »

Nous avons toutes rêvé d'une telle demande en mariage ? Non ?

Oubliée Cendrillon. Loin de moi, la Belle au Bois dormant. Perdue de vue, Blanche Neige…il ne me restait, si je réfléchis bien, que la peur du chasseur qui doit ramener mon cœur sanglant !

Toute ma vie, j'ai eu besoin d'être aimée.
Certains ont besoin de drogue ou d'alcool, d'autres de sports. Certains se perdent dans le jeu…moi, c'est d'amour dont j'ai besoin.
Pour avancer, pour respirer, pour vivre…
Tout le monde a besoin d'amour me direz-vous. Certes. Mais chez moi c'est vital !
Aussi, la demande en mariage d'Etienne, ne répondait pas vraiment à ce qu'attendait la jeune fille encore fleur bleue que j'étais à l'époque.
Pour moi, être aimée est aussi important que l'air que je respire. Je veux dire, être vraiment aimée !
Hélas, je dois bien l'avouer, à ce jour, personne n'a su.
Non, personne !
Je ne demandais que quelqu'un sur qui j'aurais pu compter. Quelqu'un qui m'aide à me relever, si la vie me faisait trébucher. Quelqu'un sur qui j'aurais pu m'appuyer, me reposer de temps en temps.

Etrangement la vie a mis sur mon chemin des hommes à qui j'ai servi de béquille, ou d'assistante sociale.

Pas vraiment de quoi répondre à mes attentes.

Où étaient-ils tous, lorsque j'ai eu besoin de leur épaule pour m'appuyer, pour reprendre mon souffle ou tout simplement pour pleurer ?

Je ne sais pas.

Il n'y a eu que toi, mon Alec.

Toi pour donner sans compter.

Toi dont les yeux, ont une profondeur et une lumière qui en font les plus beaux yeux, qu'il m'est été donnés de voir.

Loo plus beaux yeux du monde.

Mais ça, c'est une autre histoire.

C'est notre histoire.

Me voilà donc mariée pour le meilleur et pour le pire…quelle drôle de formule !

Le 15 juillet 1989, je deviens donc madame Santoni

Journée chaude, que dis-je, torride.

Le souvenir que j'en ai gardé est à l'image de ce qu'a été ce mariage.

La chaleur de cette journée, je ne l'ai, hélas pas beaucoup retrouvée dans cette union. La vie sexuelle, n'étant pas, aux dires d'Etienne, le plus important dans un couple…Surtout lorsque le mari cherche auprès d'autres femmes, ce qu'il ne donne pas à la sienne.

Bref, journée chaude et torride donc, difficile, longue et pénible…voilà, là vous avez une idée de ce qu'a été ce mariage.

Mes parents, étaient partis vivre sur l'ile de la Réunion depuis quelques années, mon frère et ma sœur, y vivaient également. Ils étaient depuis toujours mon point d'encrage et après de brèves vacances parmi eux, nous décidâmes d'aller nous y installer aussi.

Mélanie, étaient née, ma poupée avait deux ans et demi, et je pensais installer notre nid.

Etienne avait trouvé un travail dans son domaine, l'informatique. Quant à moi, ma princesse faisant sa vie à la crèche, petit visage blanc au milieu de tous ces enfants créoles, je décidais de me chercher une occupation.

Dans le journal local, « Le Quotidien », je trouvais une annonce, qui éveilla mon intérêt. Le journal « Visu », l'équivalent de notre « Télé 7 Jours », cherchait un commercial, pour vendre des espaces publicitaires. Bien que n'ayant jamais fait ce genre de travail, je décidais que si j'avais su vendre des tranches de poisson, spécialité de la « Marinière », il ne me serait pas trop difficile de vendre des…tranches de papiers…

Je ne me trompais pas.

J'ai adoré, mes rendez-vous avec les commerciaux, les patrons d'entreprises, mais aussi avec les maraîchers de l'ile, pour qui je devais troquer, tailleurs et talons, contre des bottes de caoutchouc, avant d'atteindre leur ferme marécageuse.

Non seulement j'ai adoré, mais en trois mois, je faisais le plus gros chiffre d'affaires de tous les commerciaux.

Bref, je m'éclatais, aussi, lorsqu'un ami, me proposa de faire de la radio, en parallèle, je fus ravie. J'ai donc un temps été animatrice de RFO - Radio France-Outremer-

C'était pour de l'animation le week-end. L'idée que l'on allait m'entendre dans toute l'île me remplissait de joie, et je réussis même à garder mon entrain et ma bonne humeur, lorsque j'appris qu'en fait d'animation, j'aurais des annonces à passer...

Et quelles annonces, aucun retard d'avion, aucune coupure d'eau ou d'électricité sur l'île ne m'échappa, pas plus que les décès et les enterrements...

J'étais déjà quelqu'un qui savait s'adapter, car j'aimais ce que je faisais et je le faisais bien !

Etienne commença à rencontrer des problèmes dans son travail. Les promesses faites par contrat, tardaient à venir, ou ne venaient pas, selon lui. Il voulut rentrer, sur le continent, trouvant qu'il n'y avait plus rien pour lui sur cette île.

Il me laissa donc. Il rentra en métropole pour chercher du travail. L'excuse était belle de me planter là avec un déménagement à organiser, une petite fille de trois ans et demi et accessoirement, un danois de soixante-quinze kilos, joli toutou qui tient plus du poney que de l'animal de compagnie, et pour qui je devais trouver une cage afin de le ramener dans nos bagages.

Au bout d'un mois, ma mission accomplie, ma fille et moi, retrouvâmes, qui un père, qui un mari, mais surtout, notre seigneur et maître.

Vivant, cerise sur le gâteau, dans un studio pourri. Mais Etienne, avait trouvé un travail provisoire de commercial, ce qui lui permettait d'être souvent absent. Je restais dans un triste chez moi, sans meuble et sans grande gaité.

J'avais vingt-cinq ans.

Mais j'aime la vie et je veux y croire. Je trouve, déjà, du réconfort dans ma croyance religieuse, car je suis et j'ai toujours été une fervente catholique. Oui, je parle à Dieu. Je le tutoie, même, et c'est en lui que je trouve l'aide qui me fait défaut dans ma vie.

Je retrouvais le bonheur, lorsqu'au bout de quelques mois, passés, entre autre, à chercher des petits boulots, de ci de là, je compris que j'étais à nouveau enceinte.

Malgré les galères, les infidélités de mon mari, malgré le manque d'amour dont il faisait preuve à mon égard et le peu d'intérêt qu'il montrait à sa fille, je fus heureuse de cet enfant que la vie m'offrait encore.

J'aurais deux enfants. J'attendais un garçon.

C'était le choix du roi et j'étais comblée.

Je me disais que la vie serait belle tout de même, qu'il faut savoir faire des choix, et des concessions …bref…je mis au monde un magnifique garçon : Mon Arnold.

Pendant ce temps, Etienne travaillait, maintenant sur Nice, dans un restaurant.

Un grand restaurant, qui accueillait des bus entiers. Qui organisait des soirées karaoké, des défilés de mode, de sous-vêtements même...

Ce qui donnait beaucoup de travail à Etienne, tellement de travail, que certains soirs, il ne rentrait pas. Quand le travail est là...

Mon Arnold avait deux ans et demi, je repassais tranquillement, lorsque je reçus un coup de téléphone anonyme,(ne le sont-ils pas toujours, ceux qui vous brisent ?).

Un homme m'informait qu'il m'avait vu à la soirée anniversaire de mon mari. Soirée que je lui avais organisée... Cet homme, ému du mal que je m'étais donné, comme par exemple, mes enfants cachés sur scène dans un carton, le gâteau, la musique...bref, la totale.

Cet homme donc, m'informait que mon charmant mari avait une double vie, qu'elle s'appelait Françoise, et que dégoûté, il avait tenu à m'en informer...

Ladite Françoise, était une ancienne tapineuse qui avait un temps travaillé pour lui. Ancienne tapineuse...ou tapineuse actuelle, mon sang ne fit qu'un tour, je pris mon téléphone, et sans arriver à y croire, j'appelais le numéro que m'avait donné mon interlocuteur anonyme.

- Allo ! Je peux parler à Etienne ?
- C'est de la part de qui ?
- C'est une surprise...je peux lui parler ?
- Allo !
La voix de mon mari...

La surprise avait été de taille, pour lui. Mais que dire de moi ? Ma vie s'écroulait. Et pourtant j'avais voulu y croire.

J'annonçais à cet enfoiré d'Etienne, qu'il était inutile qu'il revienne, que ma décision était irrémédiable. Il supplia, promit, rien n'y fit, alors il me dit : « Tu crèveras de faim, sans moi ! »

Que je meure de faim, moi, sa femme, la mère de ses deux enfants ?

Moi, qui avais supporté ses coups bas, ses mensonges, ses tromperies et finalement son incapacité à m'aimer.

Que je meure de faim !

C'est sans doute en grande partie cette phrase qui a fait de moi, celle que je suis aujourd'hui.

Je me retrouvais à trente ans, avec deux enfants, sans argent, sans travail et de plus trois mois de loyers impayés, que j''apprendrais par la suite.

Je ne vais pas m'étendre sur les sept jours durant lesquels je n'eus rien à avaler hormis du café, car mes placards étaient vides. Les semaines où je dus accepter les largesses d'une amie travaillant dans une cantine, pour nourrir mes enfants pendant que je tournais au café au lait, matin, midi et soir.

Le crédit que firent mes parents pour moi, afin de parer au plus pressé et que je remboursais chaque mois, jusqu'au dernier centime.

Je ne m'étendrais pas sur les nuits à pleurer, sur mon fils Arnold, qui appelait son père couché derrière la porte d'entrée.

Je ne parlerai pas du fait que je dus, maintes fois ravaler ma fierté et appeler cet enfoiré d'Etienne, qui vivait chez sa péripatéticienne, afin qu'il parle à son fils.

Non, je n'en parlerais pas, car ce n'est pas le plus important. Ce qu'il me reste de cette piètre histoire d'amour, ce sont deux magnifiques enfants et la certitude que plus jamais un homme n'aurait procuration sur mon compte !

Les comptes joints, quoi qu'il arrive désormais, je les laissais aux autres.

Ce que je ne laissais à personne, ce sont mes deux enfants et je décidais de me reconstruire avec eux.

Si j'ai eu faim, un petit temps, je n'en suis pas morte. J'ai commencé à grandir dans ce jeûne.

Etienne par contre !!!

Pour moi, je pensais, à ce moment-là, que je vivais l'Epreuve de ma vie.

Et, une fois de plus, j'étais prête à l'affronter et à me battre.

Avec le recul, je sais maintenant que le plus dur était à venir.

Interlude

De la même manière, que dans les séances de cinéma « d'antan », où l'interlude, la pause, permettait de reprendre son souffle, ses esprits et éventuellement un esquimau…. Je vais rapidement, ici, parler de ma pause. Ce temps qui m'a permis de me retrouver, de me reconstruire et surtout, de trouver en moi, la femme qui s'était perdue.

Mes débuts, de « jeune mère célibataire », n'ont pas été faciles. Les femmes qui s'y sont frottées, savent de quoi je parle.

Pourtant, très vite, j'ai trouvé du travail, pas très bien payé, mais du travail quand même, ce qui nous a permis de prendre mes deux enfants et moi, un nouveau rythme de vie. Le nôtre !

Le temps passait, la routine s'installait. Mes enfants et moi vivions notre vie à Nous. Mais j'avais trente ans, je venais de passer onze ans avec le même homme et surtout une vie sans grand amour. Un soir de trop de solitude, je téléphonais à Olivier.

Olivier avait été plus qu'un ami. Il avait été le Premier.

Celui qui avait fait de moi une femme. Je me souvenais de sa douceur, de sa patience digne d'un vrai gentleman. Est-ce inconsciemment la raison qui m'a poussée à l'appeler… ? Toujours est-il, que ce soir-là, c'est vers lui qu'allèrent mes pensées, et je l'appelais.

Très surpris de mon appel, mais apparemment très heureux, Olivier me parla de sa vie, de sa récente séparation, de son fils, âgé de trois ans qui lui manquait beaucoup. A mon tour, je lui parlais de moi, de mes enfants, de la vie qui avait été la mienne, depuis que nous nous étions perdus de vue.

Très vite, nos échanges, sont devenus réguliers. Parler ensemble nous faisait du bien et nous a suffi, un temps.

Puis un soir, rituel oblige, où nous parlions de nous, Olivier me demanda si je serais contente de le revoir.

Bien sûr. Mais nos échanges téléphoniques me suffisaient. Ils étaient rassurants. Le rempart de la distance me préservait. Pourtant, je répondis par l'affirmative.

Bien des années s'étaient écoulées, sans le moindre contact, la moindre nouvelle…et puis, j'avais tellement changé…il avait quitté une adolescente et il allait retrouver une mère de deux enfants…le changement était rude.

Mais, la force d'Olivier a toujours été sa faculté à surprendre.

De la même manière, que lors de mes dix-huit ans, il avait été capable, l'été fini, de retraverser la France, depuis ses Yvelines natales, pour se trouver devant ma porte au petit matin, avec des croissants chauds, il me retrouva devant le «Solenzara», à l'heure et au jour dits.

Quand j'y repense aujourd'hui, je crois que personne ne m'a jamais apporté de croissants avec autant d'amour à l'intérieur.

Trois jours plus tard, donc, je retrouvais Olivier, sa voiture garée sur le lieu de notre rendez-vous. Sa voiture jaune, ornée d'un beau cheval cabré, signe extérieur de sa réussite. Une réussite obtenue à force de travail. Car Olivier, a réussi tout ce qu'il a entrepris, grâce à sa grande capacité à travailler jour et nuit afin d'atteindre son but.

Cet autodidacte, taillé comme un Dieu grec, ne boit pas, ne fume pas. Ses beaux yeux bleus, toujours rivés à son travail, que ce soit dans ses champs, où plus tard à l'auberge qu'il avait construite. Ce gendre idéal, n'a jamais lésiné sur le travail.

Nous avons repris, nos longues discussions, au cours d'un déjeuner. Oui, nous avons beaucoup parlé. Il avait réservé une chambre dans un très bel hôtel au bord de la mer, et je l'ai suivi.

J'ai retrouvé, sa douceur, sa patience. Petit à petit, la mère de famille, s'écartait pour laisser revenir la femme. De même qu'il m'avait fait découvrir l'amour bien des années auparavant, il me fit renaître dans toute ma maturité.

Je me sentais à nouveau femme, il me comblait d'amour, de compliments, de tout ce dont j'avais été privée tout au long de mon mariage.

Enfin, je revivais, la maman côtoyait la femme. Tel le phénix, je renaissais de mes cendres, enfin j'étais heureuse !

Olivier faisait des allers-retours sur Menton. Il me voyait, pleine de bonne volonté, mais galérant, avec mes enfants et jonglant pour joindre les deux bouts. Finalement, il me dit un jour :

« Ecoute, ici il n'y a rien qui te retienne. Viens vivre à la ferme avec moi. Il y a de l'espace, tes petits seront heureux ; si tu as peur de t'ennuyer, tu pourras toujours travailler à l'auberge, comme ça tu me diras ce que tu en penses ! »

Il ne me fallut que quelques jours de réflexion. J'acceptais. Après tout, qu'avais-je de mieux à faire ? Un changement radical m'aiderait à tourner définitivement la page.

Changement de ville. Changement de travail. Changement de vie...

Et puis mes bébés, huit et quatre ans, étaient tellement contents de partir vivre à la campagne, entourés d'animaux...
Quelques jours avant Pâques - le passage chez les chrétiens - durant les vacances, Olivier est venu nous chercher. Derniers cartons fermés, l'appartement vidé, je fermais la porte sur mon ancienne vie.
Comme si nous avions pressenti que ces quelques mois étaient un interlude qui nous permettrait de tourner la page, de boucler la boucle... Olivier et moi, avons profité au maximum l'un de l'autre. Pour l'un de ses nombreux projets professionnels, il avait un déplacement à faire aux Etats-Unis, quinze jours. Il m'emmena avec lui. J'ai connu les plus beaux hôtels, les voitures décapotables. Nous avons roulé de San Francisco à Las Vegas. Nous avons fait des haltes dans de petites villes, plus belles les unes que les autres. Je garde un souvenir ému de Santa Barbara, petite cité au charme particulier, propre, fleurie, où tout m'a plu.
Juste avant notre départ, Olivier m'a demandé quel cadeau d'anniversaire me ferait plaisir.

Je n'ai pas longtemps hésité. La femme que j'étais redevenue prit le dessus.

« Je veux des seins ! »

Oui, je voulais que le changement intérieur, qui était le mien, se voit. J'ai toujours fait un 85 A, pas de quoi pavoiser, mais cela ne m'a jamais posé problème. Non, mais je voulais un changement physique, qui corresponde à mon changement psychologique. Privée comme je l'avais été durant ces onze dernières années de toute attention, de cadeaux, de toutes ces gentillesses qui entretiennent l'amour, je prenais tout avec avidité. De la plus petite fleur au…90 B !
Une femme épanouie, enfin !
Hélas, notre retour, marqua la fin de notre histoire.

Olivier, en manque de son propre fils, avait du mal avec le mien, qu'il trouvait un peu trop envahissant. La présence de mes enfants lui rappelaient, de plus en plus, un passé où nous vivions tous deux sans contraintes, sans enfants, sans souvenirs. Bref, il me voulait pour lui tout seul, un point c'est tout.

L'histoire devenait un peu trop compliquée pour moi. Elle avait été belle et je ne voulais rien gâcher. J'étais tout juste divorcée et peu encline à accepter les états d'âme de qui que ce soit et malgré mon affection pour Olivier, mes enfants restaient ma priorité, quoi que l'on puisse m'offrir.

Je quittais donc la facilité qu'il m'offrait et me retrouvais un soir à Orly avec mes deux enfants et deux valises.

Toute l'histoire de ma vie.

Olivier, gentleman jusqu'au bout, m'avait forcé à accepter six mille francs, histoire de recommencer à Menton.

Je m'installais donc pour quelques mois chez mes parents.

Ce fut une période ...difficile, encore. Et difficile est un doux euphémisme pour décrire les quelques mois qui suivirent mon retour. Mais je m'étais retrouvée. J'avais retrouvé la femme perdue qui habitait malgré tout en moi. Et , elle et moi, allions nous battre.

Je pris un travail de nuit, car mieux payé, pour bientôt louer un petit deux pièces.

Notre « chez nous » enfin. Nous passâmes la première nuit parterre tous les trois, heureux de nous retrouver. Quel bonheur, quelle indépendance. Rien à ce moment précis, n'aurait pu m'apporter plus de joie.

Mon petit interlude avec Olivier m'avait aidé plus que je ne saurais le dire.

Mais tout a une fin, et mon interlude était derrière moi.

Chapitre III

Une nouvelle vie !

Le temps passait. Je devenais plus forte. Pour Halloween, je devais travailler.

Il y avait ce soir-là « un homme » qui passa toute la soirée au bar.

Pour moi, un homme qui passe sa soirée au bar et qui n'a rien à faire, est un alcoolique.

Je ne suis pas très objective. J'ai des idées très arrêtées.

De plus, « cet homme » me fixait. Que dis-je ? Il ne me quittait pas des yeux !

C'était un habitué et il buvait beaucoup.

Il revint ! Il revint même souvent. Si bien que nous avons fini par discuter.

Oh, des banalités. Pas très précis sur ses objectifs, quant à son avenir.

Que dis-je ? Sans réel but dans la vie. Il ne faisait rien et n'avait pas l'intention de faire quoi que ce soit apparemment. Pourtant, d'une gentillesse, comme il m'avait rarement été donné de voir.

Je n'avais que peu fréquenté le milieu de la nuit, surtout à Monaco. J'ignorais donc qui il était. Un noceur monégasque, au nom bien connu, qui avait déjà, pas mal brûlé sa vie. Un homme qui, dans l'alcool, la nuit et les femmes, cherchait à remplir une vie désespérément vide.

Son père est une figure connue pour tenir depuis toujours un commerce en vue, dans la principauté.

Lui, trente ans, vivait encore chez sa mère et consacrait tout son temps libre à dormir le jour et à sortir la nuit pour brûler une vie insipide, sans odeur ni saveur. Essayant d'échapper à un mal-être qui ne le quittait pas.

Pourtant, il y avait quelque chose en lui. Un humour incroyable, une gentillesse sans fond. Bel homme, puisqu'il faisait à temps perdu de l'exercice. Il était musclé, métisse et tout en lui n'était que charme.

Je voyais à son regard que je ne le laissais pas indifférent. Son assiduité aurait suffi à me convaincre si j'en avais douté.

Un divorce et une séparation dans la même année, me suffisaient cependant.

J'en avais ma dose des mecs.

Pourtant, un jour où je rencontrais un problème pour faire garder mes enfants, Yves, me proposa de s'en charger.

J'étais coincée. Le jardin d'enfant était tout proche de mon lieu de travail, malgré mes doutes j'acceptais son aide.

Tout se passa au mieux. Il était avec mes enfants un véritable amour et quelques fois, il me fit économiser la baby-sitter.

Durant plusieurs semaines, nous multipliâmes les sorties amicales. Sa gentillesse avec mes enfants était incroyable, je n'imaginais pas qu'un homme puisse s'occuper aussi bien des enfants, surtout s'ils n'étaient pas les siens. Sa patience et son humour, toujours au rendez-vous, firent qu'il devint de plus en plus présent dans notre vie.

Je l'ai déjà dit, j'aime que l'on m'aime. Si en plus on me fait rire !!

Bref, après une demande en mariage dans les règles de l'art, genou à terre comme au cinéma , nous nous mariâmes, un an jour pour jour, après notre première rencontre.

C'était une journée d'octobre incroyablement belle. Mon premier mariage, ayant été « basique », nous nous mariâmes à l'église. Sur le port de Monaco, autour de la chapelle Sainte Dévote, décorée et superbe, l'amour flottait dans l'air. Ce dont j'avais toujours rêvé. La robe, l'église, les fleurs, mes enfants, ma famille…un homme éperdument amoureux, les larmes qu'il versait depuis le matin, reprirent de plus belle lorsque j'entrais dans l'église au bras de mon père.

Le prêtre lui-même salua l'époux aux yeux gonflés, remarquant qu'il était rare de voir un homme aussi ému…Tout y était. Un rêve. Mon rêve de jeune fille.

Un rêve qui continua durant les douze jours que dura notre voyage de noce, en Guadeloupe.

Nous nous aimions tellement. Il ne pouvait plus rien m'arriver.

Maintenant, nous étions deux. Deux pour avancer, deux pour nous battre. Mes enfants étaient ses enfants. Jamais un homme ne s'était occupé d'eux de cette façon. Pas même leur père. Mélanie et Arnold l'adoraient. Que pouvais-je demander de plus ?

En rentrant de la Guadeloupe, Yves, les yeux humides, me demanda pour la première fois de lui faire un enfant à lui. Il me supplia.

J'avais trente-deux ans, deux enfants merveilleux et enfin, la vie semblait pouvoir être douce.

C'était bien comme ça !

Je refusais donc dans un premier temps. Je refusais même plusieurs fois.

Mais comment pouvais-je dire non, à un homme qui traitait si bien mes enfants ? Qui les élevait comme s'ils étaient sa chair ?
Je finis par céder.

« Très bien, lui dis-je, je vais t'offrir cet enfant. Mais, Yves, il n'y en aura qu'un.
 Et puis, il y a quelque chose que je veux te demander. N'oublie jamais, la femme que je suis. Je veux le rester, pour toi, pour nous ! »
Je ne voulais en aucun cas, devenir pour mon mari, une mère. Ce qui arrive souvent, à la naissance des enfants, on oublie la femme.
Je lui avais donc fait cette demande très fermement mais très délicatement.
Nous nous étions fait cette promesse.

Très vite, je suis tombée enceinte.
Très vite, je sus que nous attendions un petit garçon.
Yves était le plus heureux des hommes. Mélanie et Arnold aux anges.
De mon côté, envolés tous mes doutes, j'étais comblée.

Le 15 août 1999, il y eut sur Menton, et pas seulement, une éclipse totale.
Très impressionnant.
La nuit en plein jour.
Deux jours plus tard, le 17 aout 1999, mon fils Alec venait au monde.

Si le 17 août, est aussi la date de naissance de mon papa, elle marque également le triste anniversaire de la mort de mon grand-père maternel.

Le premier homme de ma vie. Lui qui avait su aimer comme il se doit, la petite princesse que j'étais.

Incroyable, l'importance de cette date dans ma vie.

Il est des signes sur lesquels on ne s'arrête pas et pourtant…

Mais tout était parfait.

Nous avions déménagé dans un plus grand appartement en rez-de-jardin, avec une immense terrasse. Yves avait enfin la famille dont-il avait toujours rêvé.

Il avait trois enfants et n'a jamais fait de différence, entre les aînés et Alec.

Il travaillait à Monaco avec son père comme homme à tout faire, il a commencé en bas de l'échelle, mais grâce à mon aide et à mes encouragements, il a passé brillamment ses diplômes, suivant assidûment les cours, faisant de nombreux stages et de multiples déplacements durant lesquels, j'attendais sagement au domicile conjugal, avec Alec qui était bébé et mes deux grands. Comme à mon habitude, je faisais tourner la maison.

Je n'étais pas étonnée de sa réussite, Yves a un très gros potentiel, il avait juste besoin d'être « drivé ». Il est brillant et instruit. Il a de plus, une très grande culture générale.

Il a beaucoup travaillé. Nous étions la famille recomposée par excellence. La famille parfaite.

Notre rêve américain grandeur nature.

Alec grandissait. Il était d'une beauté extraordinaire. Les mêmes boucles blondes que celles de mon enfance, avec en plus cette clarté léguée sûrement par son grand-père paternel d'origine ukrainienne. Seule chose, Dieu merci, qu'il ait héritée de lui. Avec les origines africaines de ma belle-mère, le résultat était étonnant.

Et mon Alec, notre Alec, commença à faire ses premiers pas à treize mois. C'était un vrai petit mec. Un casse-cou. Rien ne l'arrêtait, il grimpait partout. Une mamie, m'avait d'ailleurs un jour demandé son âge, alors qu'il jouait au jardin d'enfant et avait été étonnée de son avance sur les autres. Elle l'avait observé un bon moment avant de me questionner et avait été surprise qu'il n'ait que deux ans et demi. On lui en donnait facilement trois.

« Vraiment, il est très en avance ! » s'était-elle écriée.

Moi, fière comme une maman, lui avait expliqué en détail, que c'était dans ses gènes.

« Son grand-père est un champion, son papa un grand sportif, il est normal que mon Alec, soit un athlète en herbe ! »

S'il était très physique, je trouvais qu'il était fainéant, côté vocabulaire.

Comme on dit…… ils ne peuvent pas tout acquérir en même temps…

Un jour de visite chez le pédiatre, celui qui suivait déjà mes deux premiers et en qui j'ai toute confiance, je posais la question, sur ce retard de langage et de propreté. Le médecin me rassura pleinement.

Comme on dit, ils ne peuvent pas tout acquérir en même temps….

Il me conseilla donc de le solliciter plus souvent, de lui lire des livres, de faire des jeux, ce que je fis. En parallèle et afin de le « sociabiliser », je le mettais quelques heures par semaine, à la crèche. La même, où avait été son frère ainé, Arnold.

Malgré mon insistance à jouer avec lui, à lire, bref à le stimuler de toutes les manières possibles, les résultats n'étaient pas au rendez-vous.

Particulièrement attentive à ses progrès, il me semblait que mon Alec, non seulement n'avançait pas sur le plan intellectuel, mais en plus, oubliait des mots. Alors qu'il savait très bien me demander, par exemple un biscuit ; il se contentait désormais de m'indiquer le placard du doigt. Finalement je devais dire le début des mots, et il ne disait plus que la fin.

Cependant, l'été se passa et je l'inscrivis à l'école pour la rentrée de septembre 2002.

J'annonçais à la maîtresse que mon fils n'était pas propre et particulièrement fainéant au niveau du langage. Elle ne s'affola pas outre mesure et me dit même, que le contact avec ses nouveaux petits camarades, pourrait agir comme un déclencheur.

Ils tinrent, Alec et sa maîtresse…48 heures.

 Alec, perdu au milieu des enfants, sans moi pour faire rempart et le protéger, se noyait.

Dans sa détresse, il faisait pipi partout, s'isolait de plus en plus, bref, il donnait tous les signes d'un enfant en perdition.

Comme me l'avait conseillé le docteur Florin, lors de ma précédente visite, dans le cas où le malaise s'installerait, j'amenais mon fils, chez un psychologue pour enfant, à Menton.

Je me revois, assise devant cet homme, mon enfant sagement à mes pieds, en train de jouer.

Au bout de dix minutes à peine, il me demanda si rien dans l'attitude d'Alec ne me choquait. Non, rien ne me choquait, mon fils jouait gentiment, au milieu des caisses, de petites voitures et d'animaux en plastique.

- Rien ne vous choque ? Insista le psychologue.
- Regardez avec quoi il joue… !
- …Ben avec un tableau d'éveil !

- Oui, mais un tableau d'éveil pour enfant de six mois. Et il ne joue qu'avec ça !

.

Chapitre IV

Alec...

- Madame Fort , je pense que ce dont souffre Alec est plus grave, qu'il n'y paraît. Je vous conseille donc d'aller sans tarder à Lenval, pour une consultation auprès d'un pédopsychiatre.

Pas alarmée pour deux sous, juste ennuyée par la « fainéantise » de mon fils, je prends rendez-vous.

Que peut-il y avoir de si grave ?

Alec mange tout seul, il dévore même. C'est un fanatique des « Télétubbies ». Lorsqu'il entend le générique de l'émission, il attrape sa petite chaise et se colle devant la télé. Fou de joie, il applaudit. Participe. Que peut-il bien y avoir ?

Il est fainéant, c'est tout. Et puis, il est si beau, son père et moi le filmons souvent. Mélanie et Arnold sont à ses pieds...

Tout ça n'est rien.

Il va se « réveiller » plus tard, mais lorsqu'il va se réveiller…

Pourtant, depuis son passage à l'école, Alec ne supportait plus la foule. J'avais du mal à l'emmener dans les grands magasins. Je ne pouvais plus faire les courses avec lui.

Rendez-vous pris, nous nous rendons à l'hôpital Lenval. La pédopsychiatre qui nous reçoit, me dit que mon fils est très remuant et que nous ne dépendons pas de Lenval Nice, car il y a une antenne, à Menton.

Accueil chaleureux s'il en est pour des parents en quête de réponses.

Echaudée par cet accueil, je me précipite chez mon pédiatre et demande qu'il me prescrive une IRM.

Rendez-vous pris, le 4 février 2003.

Dans ma tête, on fait une IRM, on a un diagnostic, on traite.

Nous voilà donc avec Yves, en route pour un examen qui doit lever nos angoisses. Bien sûr, il n'y aura rien. A aucun moment je n'ai eu le moindre doute. Il n'y aura rien. Il ne peut rien y avoir. Sur le chemin, je parlais à mon petit garçon. Je lui expliquais le docteur, la machine, l'examen…sans appréhension.

La procédure veut que l'on donne une médication, pour endormir un peu, pour calmer l'enfant, pour qui il est difficile de rester tranquille un si long moment. Déjà, Alec ne s'assoupit qu'au bout d'une heure et demi. Il est sage, comme toujours, mais résiste à la médication.

Enfin, notre fils passe son examen.

Il faut à présent attendre qu'il se réveille, avant de pouvoir rentrer chez nous. Main dans la main, Yves et moi, attendons de rencontrer un médecin qui pourra nous éclairer. Main dans la main, nous allons au-devant d'un docteur qui enfin se présente à nous. Main dans la main, nous l'écoutons nous rassurer pleinement. Nous dire que tout va bien. Nous répéter qu'il n'a rien décelé.

Fous de joie, nous reprenons notre bébé et rentrons chez nous. Yves passe des coups de fils à toute la famille ; déjà nous invitons tout le monde à venir fêter cette nouvelle ; déjà la vie a repris ses couleurs, sa saveur et tout son éclat.

51

Et nous fêtons dignement la nouvelle. Les nuages, qui un temps se sont amoncelés sur nous, se sont dispersés. L'avenir nous apparaît clair et pur. La vie est à nous.

Le médecin qui nous a parlé, nous a prévenus que les résultats et la disquette de cet examen, seraient envoyés au pédiatre d'Alec. Mais quelle importance à présent.

Je le savais ! Il ne pouvait rien y avoir ! Mon fils va bien. C'est un petit retard c'est tout !

Dans cet état d'esprit nous passons quelques jours euphoriques. Rien ne nous résiste ! Nous sommes passés si près de la catastrophe.

Mais pourquoi penser à ça ? Il ne pouvait rien y avoir ! Alec est un petit athlète fainéant…c'est tout. Nous nous sommes mis la pression sans véritable raison, et la vie reprend son cours à présent.

Mes deux grands à l'école et mon Alec, pour quelques heures à la crèche, je range mon appartement. Heureuse de cette vie douce et paisible, que nous avons retrouvée.

Lorsque le docteur Favier, le pédiatre des enfants me téléphone, je suis heureuse de partager cette grande nouvelle avec lui.

-C'est vrai, je ne vous ai pas prévenu, mais l'hôpital Lenval va vous envoyer les résultats.

- Je les ai reçus, madame Fort, et il faut que nous nous voyons. Il faut en parler !

-Oui, je passerai à l'occasion.

- Non, Madame Fort, il faut absolument que l'on se voit ! Ils ne vous ont rien dit à Lenval ?

- Mais si. Ils m'ont dit qu'il n'y avait rien !

- Eh bien non, il n'y a pas rien !

Parfois à l'annonce d'une nouvelle importante, mille pensées nous traversent l'esprit. Là, non. J'ai simplement cru que j'allais mourir !

Les clichés que l'on peut entendre dans ce genre de situation, tels que le cœur qui se serre, le sang qui se glace, ou qui ne fait qu'un tour…non, pas chez moi. Je suis tombée au fond d'un gouffre sans fond, duquel j'ai parfois l'impression de n'être jamais plus ressortie.

Si nous l'avions appris lorsque les doutes nous assaillaient , je pense que ça n'aurait rien changé ; ni à la finalité de la chose, ni à la souffrance. Mais l'apprendre après ce temps de répit, de soulagement, de renaissance….c'était encore plus cruel et infiniment plus difficile à accepter. Et ce sentiment de solitude….une solitude qui ne m'a jamais plus quittée. Elle est là, tapie quelque part au fond de moi, prête à me prendre à la gorge.

Que dire ? Que j'ai fait un malaise ? Que je me suis effondrée dans ma cuisine ? Que j'ai vomi ? Et ? Ah, oui, que j'étais seule ! Déjà et hélas pour longtemps. Pour beaucoup de choses mais surtout pour la principale, celle qui m'attendait quelque part tapie dans l'ombre : la bataille de ma vie. Celle que j'allais mener pour mon fils. Seule, encore et toujours !

Je me ruais vers la crèche pour récupérer mon garçon, ne supportant pas d'en être séparée une minute de plus. En le voyant se précipiter vers moi, j'ai un nouveau vertige.

La terre s'ouvre sous mes pieds.

Devant mon état, la secrétaire de la crèche propose de garder Alec encore un peu et suggère à ma sœur qui m'accompagne de me conduire à mon rendez-vous, vu que j'ai annoncé au docteur Favier que j'arrivais.

Il me reçut immédiatement, m'annonça que ce qu'avait Alec était très grave. En fait, il souffrait d'une carence en myéline.

Mais de quoi me parle-t-on ?

Il y a un jour à peine mon fils ne souffrait de rien, il y a une heure à peine. Il y a quelques minutes à peine !

Je n'ai même pas appelé mon mari…

Yves est au travail et pour lui, la vie a encore un goût de miel. Il a une famille formidable et tout va pour le mieux dans le meilleur des mondes !

Je ne sais même pas ce que c'est moi, la myéline !

En quoi cette carence va-t-elle changer la vie de mon enfant ?

« La myéline est la gaine des nerfs, du système nerveux central : le « courant » ne passe plus, et les fonctions vitales sont altérées. »

Il me faut à présent, parler à mon mari.

Ne pouvant le faire par téléphone, je dus garder pour moi seule, ce terrible fardeau. Sachant très bien, qu'au moment où je lui apprendrais la nouvelle, je détruirais la vie de mon époux, de la même manière que la mienne l'était à présent…

Les larmes que je versais depuis l'horrible annonce, avait déformé mon visage. J'avais pleuré, car je savais que la vie qui avait été la mienne, était finie. Il y avait eu l'avant et il y aurait l'après.

Et je dois dire ici, que je ne savais pas encore à quel point, notre vie serait affectée. J'ignorais les petites morts qu'il me faudrait traverser, à chaque avancée de la maladie, à chaque recul de la santé de mon fils.

Je savais juste que de dures épreuves nous attendaient.

Heureusement, je ne savais encore rien !

Yves rentra. Mes deux aînés étaient avec moi.

Il vit à mon état physique que quelque chose était arrivé.

Il cria pour qu'on lui explique.

Je ne pus parler. Je posais juste mes yeux sur notre fils.

Yves le regarda à son tour.

-C'est Alec ? C'est Alec ? répéta-t-il

J'acquiesçais de la tête.

- Il a une anomalie au cerveau !

Yves tomba à genou et se mit à hurler.

Je dis hurler, car je ne sais comment qualifier le cri qu'il poussa. C'était, je crois, le cri de sa mort. Car il faut bien le dire, ce jour-là, mon mari est mort. Qui peut dire comment nous réagirons devant les épreuves ?

Personne ne peut le dire avant d'y être confronté. Les hommes, les femmes, les forts, les faibles…personne.

Devant cette épreuve qui lui prenait son merveilleux petit garçon, Yves est mort intérieurement. Et je compris en entendant ce cri, qu'en plus de m'occuper de mon fils, et de continuer à élever mes deux autres enfants, je devrais, soutenir mon mari.

Mon enfer venait de s'ouvrir devant moi. Je devrais me battre pour tous. Je savais que la vie serait dure pour Mélanie et Arnold. Lorsqu'un des enfants d'une fratrie est atteint d'une grave maladie, les autres en souffrent aussi terriblement.

Je pris soudain conscience de tout cela. Que le temps que je consacrerais à Alec, serait du temps volé à son frère et à sa sœur. Que mes journées, désormais seraient une longue bataille. Hélas, mes nuits également.

Et un enfer commence.

Devant la détresse de mon mari, qui s'enfonçait chaque jour davantage, je tente de continuer à vivre normalement. Du moins, j'essaie. Je me dis que seule la normalité peut nous sauver. Pourtant, la nuit, lorsque je ne dors pas, je demande à Dieu, son aide pour mon mari, mais également pour moi, pour ma famille.

Qu'est-ce que je peux faire pour qu'Yves aille mieux ? Pour qu'il sorte de cette transe de mort dans laquelle il s'est enfoncé ?

La solution m'apparait un jour. Pour ramener Yves à la vie, il n'y avait que la vie. La vie dans notre maison à nouveau. Je décidais que j'allais donner à mon mari un autre enfant. Que cet enfant le tirerait forcement des limbes où il gisait. Que cet enfant serait notre renaissance à tous. Notre force.

Chapitre V

<u>Zoé</u>

Bien entendu avec le recul, je réalise à quel point, avoir un nouvel enfant pouvait paraitre une idée folle. Certains ne se sont d'ailleurs pas gênés pour nous le dire.

Mais à l'époque, nous ignorions ce qui nous attendait avec la maladie d'Alec. Nous ne nous doutions absolument pas de ce que serait notre quotidien. La vie est très bien faite, elle nous donne chaque jour un léger fardeau de plus et nous continuons à porter une charge de plus en plus lourde, certes nous courbons un peu plus l'échine, mais de manière imperceptible.

Doucement mais sûrement, nous avançons.

Je tombais très vite enceinte. Deux mois seulement, après avoir appris la maladie de mon fils, je sus que j'attendais un autre bébé.

A cette époque-là, Alec allait encore quelques heures à la garderie. Certes, les heures qui m'étaient allouées, se réduisaient comme peau de chagrin, mais deux heures par-ci, deux heures par-là, mon fils partageait quelques moments avec des petits copains de son âge. J'en profitais pour faire mes courses, et tout ce que je ne pouvais pas faire avec lui. Mais aussi pour garder ce semblant de normalité, d'intégration à mon enfant.

Je suis enceinte de sept mois, lorsque la directrice de la garderie, enceinte elle-même, me convoque.

_ Madame Fort nous n'allons pas pouvoir garder Alec !

_ Pardon ?

_ Non ! Alec est malade, et il peut être dangereux pour les autres enfants !

On pourrait sous-entendre, que par sa maladie, Alec, pouvait être violent. Pourtant, il n'en est rien. C'est lui qui, maintes et maintes fois est revenu, mordu, battu. Déjà il ne peut plus, il ne sait plus se défendre. Et même un jour, en sautant d'un petit muret, il s'est coupé la langue. Coupée à tel point, qu'elle tient par un fil. Il doit subir quelques heures plus tard, une microchirurgie, pour la recoudre.

J'explique cependant à ladite directrice que je suis, comme elle peut le voir, en fin de grossesse, qu'Alec dort mal la nuit, et que je dois le garder avec moi. Que par la force des choses, je suis donc très fatiguée. Et surtout, que l'amener à la crèche, en fait pour tous, un enfant sociabilisé, et que j'y tiens beaucoup.

Rien n'y fait. Cet iceberg au cœur de pierre ne veut rien entendre.

-Il faut reprendre Alec !

Ma réaction première est de lui voler dans les plumes, et pour tout dire et être franche de lui casser la gueule…mais la raison me dit que je dois composer, que cette prise de tête est la première d'une longue série, et que pour mon fils, je dois prendre sur moi.

Me voilà, enceinte de sept mois, avec un enfant malade qui perd de plus en plus ses fonctions motrices, vingt-quatre heures sur vingt-quatre. Je devais l'emmener avec moi, jusque dans les toilettes. Lorsque je me lavais, je l'asseyais dans la salle de bain, devant des cubes, et laissais le rideau de la douche ouvert, afin de ne pas le perdre de vue. .

Son cerveau ne lui commandant plus de mettre ses mains en avant lorsqu'il tombait, ce qui arrivait maintenant fréquemment, je ne pouvais plus le laisser. Il s'était plusieurs fois ouvert le menton, l'arcade sourcilière, la joue, au jardin d'enfant, où je continuais à l'emmener pour qu'il voie d'autres petits de son âge. Bref, il demandait une surveillance constante.

Mon petit garçon a quatre ans mais je le suis pas à pas, mes bras en garde-fou autour de lui.

Deux semaines après son éviction de la crèche, il se redressa, me regarda et se touchant le front, me dit.

-Maman, bobo tête ! En pointant de son petit doigt dodu, le sommet de son crâne.

Voilà les dernières paroles qui sortirent de la bouche de mon petit Alec.

Bien sûr, il aurait tout autant perdu l'usage de la parole, même s'il avait continué à aller à la crèche. Mais je ne peux m'empêcher de penser que le priver de ces instants de bonheur et de partage, avec des enfants de son âge, n'a rien arrangé. Car même s'il partageait de moins en moins, avec les autres, Alec adorait aller à le crèche. C'est le seul endroit où il allait sans moi sans crainte.

Je me demandais alors, si la louve que j'étais devenue, avait eu raison de ravaler ses paroles et son envie de frapper, lorsque cette horrible mégère sans cœur avait renvoyé mon fils.

Dix ans après je me pose encore la question.

Le pédiatre d'Alec m'envoya vers le docteur Romans, neuro-pédiatre à l'hôpital l'Archet. Normalement, un délai de six mois est nécessaire pour un rendez-vous, grâce au médecin d'Alec, nous gagnâmes quelques semaines.

Deux heures et demi dans la salle d'attente. Nous attendons comme le Messie, celui qui va nous apporter des explications, des réponses et bien sûr l'aide dont nous avons besoin.

Enfin, nous pénétrons dans le saint des saints. Alec ne tenait plus. Cette attente avait été pour lui et donc pour nous, un véritable calvaire.

Un homme très grand, très mince nous fait entrer et assoir.

Il nous fait raconter la petite enfance d'Alec. Les raisons qui nous ont amenées à venir le consulter lui.

Et je vais pour la première fois, raconter les trois premières années de mon fils. Celles où il a été un petit garçon comme les autres, et ces mois où le doute et la peur, se sont installés. Je dis pour la première fois, car tout au long des années qui vont suivre, chez les différents médecins, psychologues, généticiens, physiothérapeutes et autres psychothérapeutes qui vont soudain remplir notre vie sans en combler les vides, je vais devoir raconter et raconter encore les premières années de la vie de mon fils.

Le docteur Romans examine mon petit garçon.

Il le fait marcher dans le couloir.

Mon bébé, va puis revient, il est content. Il court, il rit, tout nu dans sa couche.

- Ha ! Déjà il a une asymétrie, au niveau du côté gauche.

Nous réintégrons son bureau. Là, le médecin, nous annonce qu'il travaille, au niveau national, avec différents spécialistes du cerveau.

Je dois ajouter que tout le temps que dure notre entretien, nous sommes dérangés, dix fois, vingt fois, par son téléphone qui sonne et qu'il prend les appels. Tous les appels.

Il finit tout de même par nous dire qu'il y a trois solutions.

Soit Alec aura un peu de retard. Soit la myéline va se régénérer, ce qui peut arriver aussi. Soit...il va mourir !

-Au revoir, madame. Au revoir monsieur. Bonne après-midi.

Il nous reconduit sur ces paroles à la porte de son bureau.

  Je regarde Yves qui est toujours décomposé, depuis que je lui ai appris la nouvelle.

Ce que vient de nous dire cet éminent neuro-pédiatre l'a laissé comme il était déjà ...Mort.

La dureté de cette annonce, la manière abrupte, inhumaine dont il nous a parlé, cette visite, ont été d'une telle violence que nous restons dans un silence hébété un grand moment.

Mais moi, mon côté battante, qui ne veut pas baisser les bras, me fait vite prendre la solution qui m'arrange.

- Tu vois, Yves, Alec n'a qu'un petit retard et tout rentrera dans l'ordre.

En fait, notre vie prit le rythme de la maladie de notre fils. Ne dormant plus, ou très peu et très mal, nous prîmes l'habitude, Yves et moi, de le coucher avec nous dans notre lit, et cela durera quatre ans.

Quatre longues années. Quatre fois trois cent soixante-cinq nuits, soit mille quatre cent soixante.

Lorsque j'entends des parents râler, parce que leurs enfants mettent les dents et « chouinent » une nuit ou deux......je ne peux m'empêcher de repenser à cette période.

Je veux souligner ici, l'attitude d'Yves durant toutes ces nuits, il a été exemplaire. Quel homme supporterait de faire une vie pareille, sans jamais dire un mot, même pour son propre enfant. Sans jamais se plaindre. Imaginez, quelle vie de couple peuvent avoir des parents qui ont au milieu d'eux, un petit garçon de quatre ans, puis cinq ans, et puis et puis…quatre années durant.

Combien de couples tiendraient la distance ?

Il n'y avait qu'à le remettre dans son lit, me direz-vous !

Oui mais voilà, ne dormant pas, Alec se levait…Et se blessait. Au tout début, Alec avait un petit lit d'une place, comme il convient à tout enfant de quatre ans. Oui, mais voilà, la surveillance dont il avait besoin le jour était nécessaire la nuit également car il se levait et errait dans l'appartement, tombait et se blessait. Il réveillait ainsi, toute la maisonnée, mais Mélanie et Arnold, devaient se lever le matin pour partir à l'école. Ces nuits agitées ne leur convenaient donc aucunement. J'ai donc tenté le petit lit parapluie. Non seulement Alec démontait tout ce qui était à sa portée, énervé dans cette cage improvisée et étroite, mais en plus, il se frottait tellement le dos au tissu du lit, que je le retrouvais en sang. En effet, de rage, il se laissait glisser contre la paroi du lit, maintes et maintes fois, si bien que son petit dos n'avait plus de peau au matin.

Nous prîmes donc, Yves et moi, la décision de le garder entre nous deux, la nuit.

Je le répète, Yves avait été exemplaire.

Notre famille idéale était devenue, en quelque sorte, le reflet de la maladie de mon fils qui me demandait toute mon attention. Comme je ne voulais pas que notre vie tourne autour de la maladie, je me repris. Je commençais donc à faire énormément d'ateliers : écriture, peinture, pâte à sel l'hiver, piscine et cuisine sur la terrasse l'été. Je me revois, j'attachais Alec devant moi pour avoir les mains libres ou sur sa chaise « évolutive » à l'aide d'une ceinture, afin qu'il ne glisse pas et sur un immense papier, il peignait, dessinait…ça lui faisait faire un peu de motricité pour ses mains qu'il avait de plus en plus de mal à maitriser. Comme il adorait ça, il le faisait volontiers. Nous faisions des gâteaux, des salades de fruits. Les anniversaires donnaient lieu à des jours et des jours de préparation.

Nous fêtions Halloween, nous fêtions Noël, nous avons fait les communions des grands à la maison, je préparais tout et les enfants « m'aidaient » à leur manière, certes, mais j'y tenais énormément.

Je n'étais jamais aussi contente que lorsque mes enfants, et particulièrement mon Alec, avaient les mains barbouillées de peinture, de sucre ou de farine. Ce que je faisais aussi beaucoup avec Alec, c'était danser. Comme la musique a toujours tenu une place importante dans ma vie, elle a contribué à mon « évasion ».Je prenais mon fils et nous nous lancions dans des valses effrénées.

Mais la maladie était là et ne se laissait pas oublier.

Il fallait penser à trouver des solutions.

Heureusement, après de nombreuses et longues batailles, j'avais réussi à faire accepter mon petit garçon à la maternelle, avec une auxiliaire de vie, ou AVS, comme on les appelle. Si elles sont assez nombreuses à présent dans nos classes, à l'époque, arriver à en avoir une, était le parcours du combattant, ou plutôt de la combattante que je devenais chaque jour un peu plus.

Je dus passer en commission, chaque fois que je demandais un supplément d'heures pour mon fils. En effet, j'avais durement obtenu, une première fois, trois heures par semaine. Puis six, après une nouvelle commission et enfin, neuf. Je dois m'expliquer ici, pour que chacun comprenne, ce qu'est une commission. Déjà, il faut l'obtenir, et c'est au prix de lettres, de coup de fils, de fin de non-recevoir…à chaque nouvelle commission, il en est ainsi.

Lorsqu'enfin, nous obtenons une date, il nous faut passer devant un collège d'assistantes sociales, de psychologues, médecins, un délégué de la CAF, des représentants des parents d'élèves et bien sûr un autre de l'académie. En tout, une dizaine de personnes, qui chaque fois, dissèquent vos motivations, le pourquoi, le comment.

C'est sans doute à cette période et à force de parler devant du monde, que j'ai pris l'habitude d'intervenir devant les médias pour les sensibiliser aux cas d'enfants comme mon Alec. Des enfants trop malades, pas assez malades, des enfants « impossibles » à intégrer. Que dire encore ? J'en ai tant entendu….

Toujours est-il, que dans un pays, ou la scolarisation est une obligation pour chaque enfant, on traînait des pieds pour accueillir mon fils. Je me souviens d'un matin où Yves tenant son petit garçon sautillant, par la main (sautillant, car Alec a toujours éprouvé beaucoup de joie à fréquenter son école).

Un matin donc, Yves vit le portail se fermer devant son fils. En effet, l'AVS était absente et on lui refusait l'entrée à l'école. Le portail était ouvert, mais on a cru bon de le refermer sur lui pour l'empêcher d'entrer.

Quels parents peuvent endurer cela sans se révolter ? Mon mari en garde encore une plaie ouverte.

Et s'il n'y avait eu que ça…

Nice matin du 9 juin 2006 :

 Les portes se sont en effet fermées devant Sandrine, ou plutôt devant Alec.

« On ne peut pas le garder, il n'est pas autonome. » Lui a-t-on répondu à l'Institut pour enfants inadaptés Bariquand Alphand à Menton.

« On n'a pas de place pour lui ! » Expliquait, il y a peu, une thérapeute de l'institut Rossetti de Nice.

« Pas de place avant des années ! »Devait conclure une responsable du centre de Biot.

Les portes se refermaient devant nous les unes après les autres. Pour bien expliquer le déroulement et le manque de respect pour les parents que nous sommes et pour les enfants en demande d'institution, je dois dire, que chaque fois que l'on me faisait visiter l'établissement, en insistant bien sur la modernité et la praticité des lieux, on terminait en m'annonçant...qu'il n'y avait pas de place pour Alec !
Je tiens à noter, que si avec mon ventre énorme de femme enceinte de sept mois, je continuais à me battre et à tenter d'enfoncer des portes hermétiquement fermées ; de son côté Yves avait baissé les bras complètement et lorsque je partais en croisade, il se contentait de me dire que ce que

je faisais ne servirait à rien et que l'on ne nous aiderait jamais.

Avoir un nouvel enfant pouvait paraitre une idée folle dans la situation compliquée que nous vivions au jour le jour. Mais voilà, mon quatrième enfant arrivait et je ne pouvais que m'en réjouir.

Le 24 décembre 2003, il fait un temps magnifique, je m'en souviens avec précision. Mes achats pour notre repas de réveillon terminés et fins prêts pour le soir, Yves me propose d'aller faire un tour au marché de Noël à Monaco, et d'y déjeuner.

Aussitôt dit... nous voilà partis, mon mari, Mélanie qui avait alors quinze ans, Arnold qui venait d'en avoir dix et mon petit Alec que cette sortie familiale mettait en joie, du haut de ses quatre ans et demi. Mon bébé était prévu pour la fin du mois de janvier. Tout allait pour le mieux dans le meilleur des mondes.

Je devais passer à la maternité, faire une visite de contrôle, afin d'aborder cette longue période de fêtes, sereinement. J'emmenais Mélanie et « lâchais » mes hommes sur le port, en plein marché, en pleins manèges...dans une ambiance de liesse collective, de senteurs de « chichis » et de brochettes, de marrons chauds et de pain d'épice. Sous les sapins décorés, ils se mirent en route !
- Prenez de l'avance. Nous arrivons !

La sage-femme, Pascale, pour ne pas la nommer, m'ausculte.

- Ecoute, tout me semble OK ! Je vais tout de même vérifier ton col, et je te relâche.

Je me souviens de ma fille. Ma Mélanie. Ma grande. Légèrement sur le côté, attendant le verdict avec un peu d'anxiété et un léger dégout…elle s'était placée de manière à être le plus loin possible du lieu du « désastre » et faisait une moue dubitative.
- Sandrine…tu te sens bien ? Me demanda Pascale.
Moi, les pieds dans les étriers, dans la position inconfortable que toute maman, connait, si elle n'est pas née en Afrique et n'a pas accouché dans la savane accroupie…
- Oui… pourquoi ?
- Pourquoi ? Mais, parce que tu perds les eaux ! Voilà pourquoi !
Je revois Ma Mélanie. Elle s'était mise à trépigner sur place. Dansant une danse de « Saint-Guy ».
--Non maman ! Non, tu ne peux pas me faire ça ! Non maman, tu ne vas pas accoucher ici, maintenant et tout de suite, c'est impossible.
- Ecoute Mélanie ! Tu m'as gonflée pendant des mois avec la série « Urgence ». Tu te disais prête à tout, même à m'accoucher, alors arrête de me fatiguer ! Ferme-la !
Sur ces bonnes paroles et un peu d'énervement, Yves qui se demandait ce qui se passait en ne nous voyant pas revenir, appelle.
- Tu tombes bien, lui dis-je. Ta fille arrive !
Il y eu un grand silence, et je repris.

- Va ramener les gosses à la maison et prends les affaires, pour la petite. Prends le caméscope et rapplique !
- Tu n'oublies qu'une chose...c'est toi qui a la voiture !

Les recommandations des médecins, lorsqu'une femme est enceinte, se calmer, ne pas se précipiter et garder son sang-froid...presque nous !
Mélanie jurait qu'elle n'aurait jamais d'enfant. Arnold refusait de me quitter, mon petit Alec courrait partout dans la chambre où l'on m'avait installée, ne comprenant pas vraiment ce qui se passait, il restait en dehors de l'aventure. L'arrivée d'une petite sœur n'était pas à l'ordre du jour dans le petit monde d'Alec.
Deux heures et demi après la perte des eaux, ma fille était dans mes bras, belle comme une poupée d'ébène. La peau mate, les cheveux noir de jais et déjà longs, collés sur son petit crâne rond encore souillés de la grande aventure qu'elle venait de vivre. L'aventure de la vie.

« Elle est parfaite ! Elle est parfaite et elle a tout ! »
Pensais-je. Merci seigneur !
La vie, c'est exactement ce que représentait ma fille, dans notre foyer et c'est à ce titre que j'avais depuis longtemps choisi le prénom de Zoé.
Zoé, la vie en grec !
La vie et tout ce qui va avec.
La vie porteuse d'espérances. La vie gage d'avenir.
La vie capable du pire et du meilleur.

Notre vie s'organisa. Par la force des choses j'avais passé Noël à la maternité.

Le 29, me voilà dehors avec bébé, couffin, bibis et couches…Mélanie et Arnold avaient fait le ménage, mis en place le berceau du bébé pas encore préparé,en raison de l'accouchement surprise.

Ma prématurée de deux kilos sept, dans mes bras, prête à affronter une fratrie légèrement différente des autres, mais sereine, serrée contre moi. Elle allait devoir affronter et se faire une place dans cette tribu.

Mon retour à la maison me rassura pleinement, si tant est que ce fut nécessaire. Mes grands étaient fous de joie. Alec gambadait et Yves semblait heureux, enfin.

J'avais trente-huit ans, quatre enfants, dont un qui était et serait toujours différent, mais mon cœur était gonflé d'allégresse et d'amour. Tout irait bien. Nous étions ensemble et nous étions unis. Nous serions forts et nous ferions face.

Zoé, était née un mois avant terme, à« l'anniversaire » d'une autre naissance fatidique. J'y voyais un présage de grands bonheurs à venir. J'étais gonflée à bloc !

Chapitre VI

Mon fils, ma bataille !

Pendant que j'écris ces lignes, pourtant je ne peux me retenir de pleurer.
Que de désillusions. Que de vérités il m'a fallu affronter.

Ceux que l'on met au monde
Ne nous appartiennent pas
C'est ce que l'on nous montre
Et c'est ce que l'on croit.
Ils ont une vie à vivre
On n'peut pas dessiner les chemins qu'ils vont
suivre
Ils devront décider,
C'est une belle histoire que cette indépendance
Une fois passé les boires et la petite enfance
Qu'il ne faille rien nouer
Qu'on ne puisse pas défaire
Que des nœuds pas serrés
Des boucles, s'il on préfère.
Ceux que l'on aide à naître
Ne nous appartiennent pas
Ils sont ce qu'ils veulent être
Qu'on en soit fier ou pas
C'est ce que l'on nous dit
C'est ce qui est écrit
La bonne philosophie
La grande psychologie
Et voilà que tu nais et que t'es pas normal
T'es dodu, t'es parfait
Le problème est mental
Et voilà que c'est pas vrai
Que tu vas faire ton chemin
Car t'arrêteras jamais de n'être qu'un gamin
Tu fais tes premiers pas
On se laisse émouvoir
Mais les pas que tu feras
Ne te mèneront nulle part

Qui es-tu si t'es pas
Un adulte en devenir
Si c'est ma jupe à moi
Qui pour toujours t'attire
C'est pas s'qu'on m'avait dit
J'étais pas préparé
T'es à moi pour la vie
Le Bon Dieu s'est trompé
Et y'a le Diable qui rit
Dans sa barbe de feu
Et puis qui me punit
D'l'avoir prié un peu
Pour que tu m'appartiennes,
A la vie à la mort.
Il t'a changé en teigne
Il t'a jeté un sort
T'es mon enfant d'amour
T'es mon enfant spécial
Un enfant pour toujours
Un cadeau des étoiles
Un enfant à jamais
Un enfant anormal
C'est ce que j'espérais
Alors pourquoi j'ai mal
J'aurais pas réussi
A me détacher d'toi
Le destin est gentil
Tu ne t'en iras pas
T'auras pas dix-huit ans
De la même façon
Que ceux que le temps
Rend plus hommes que garçons

T'auras besoin de moi
Mon éternel enfant
Qui ne t'en ira pas vivre appartement
Ta jeunesse me suivra
Jusque dans ma vieillesse
Ton docteur a dit ça
C'était comme une promesse
Moi qui avais tellement peur
De te voir m'échapper
Voilà que ton p'tit cœur
Me jure fidélité
Toute ma vie durant
J'conserverais mes droits
Mes tâches de maman
Et tu m'appartiendras
Ceux que l'on met au monde
Ne nous appartiennent pas
C'est ce que l'on nous montre
Et c'est ce que l'on croit
C'est une belle histoire
Que cette histoire là
Mais voilà une surprise
Mon enfant m'appartient
Tu te fous de ce que disent
Les auteurs des bouquins
T'arrives et tu m'adores
Et tu me fais confiance
De tout ton petit corps
De toute ta différence
J'serais pas là de passage
Comme les autres parents
Qui font dans le mariage

Le deuil de leur enfant
J'aurais le privilège
De te border chaqu'soir
Et certains jours de neige
De te mettre ton foulard
A l'âge où d'autres n'ont
Que cette visite rare
Qui vient et qui repart
Par soir de réveillon
Tu seras le bâton
De ma vieillesse précoce
En même temps qu'l'boulet
Qui drainera mes forces
Tu ne connais que moi
Et ton ami Pierrot
Qu'j'te décris tout bas
Quand tu vas faire dodo
Et tu prends pour acquis
Que j'serais toujours là
Pour t'apprendre cette vie
Que tu n'apprendras pas
Car ta vie s'est figée
Mais la mienne passera
J'm'surprends à souhaiter
Que tu trépasses avant moi
On ne peut pas t'admirer
Autant que je t'admire
Moi qui ai la fierté de te voir m'appartenir
J'voudrais pas qu'on t'insulte
Et qu'on s'adresse à toi
Comme à un pauvre
Parc'qu'on t' connaîtrait pas

Si le Diable s'arrange
Pour que tu me survives
Que Dieu me change en Ange
Que je puisse te suivre
Ceux que l'on met au monde
Ne nous appartiennent pas
A moins de mettre au monde
Un enfant comme toi
C'est une belle histoire
Que celle qui est la notre
Pourtant je donnerais ma vie
Pour que tu sois comme les autres.

Cette chanson de Linda Lemay, dit tout. Amour, espoir et désespoir. Elle résume ma vie. Elle résume mon amour pour Alec. Elle résume mes peurs. Elle résume aussi le don de soi que me fait mon fils en s'en remettant entièrement à moi. C'est aussi la forme la plus pure de l'amour. De nos enfants, de nos conjoints, de nos amis, d'un travail…de tout, en fait, nous attendons quelque chose. De nos enfants, une bonne note, un baiser, un bel avenir. De nos conjoints de l'affection, des attentions, un partage. De nos amis, un appel, un SMS, une partie de rire.

D'un travail, une évolution qui nous permettra d'avancer, une promotion et une retraite un jour. Bref, de tout et de tous, nous espérons.

Alec ne m'amènera jamais une bonne note, il ne fera jamais de caprice dans un magasin de jouets, ne me demandera jamais son plat préféré, n'aura jamais sa crise d'adolescence, jamais une petite amie et jamais ne m'appellera pour m'annoncer que je vais être grand-mère.

Je n'attends rien d'Alec. Il est pourtant l'amour de ma vie, car je sais que sa vie se résume à moi. Personne à part moi ne le suivra jusqu'au bout quoi qu'il arrive. C'est bien là, l'amour le plus pur. Celui qui n'attend rien en retour.

Pendant que je relis ces lignes, pourtant je ne peux me retenir de pleurer.

Quo do dócillucionc. Que do petitos morts il m'a fallu affronter.

Déjà dans ma vie de nouvelle maman, je n'ai pas pu avoir une poussette comme toutes les mamans, pour promener fièrement ma poupée. Pour Alec, je dus prendre une poussette double, et lorsque je sortais, je poussais devant moi un véritable déménagement. Zoé, Alec mais aussi le change pour les deux, la nourriture pour les deux et bien sûr, les courses que j'étais obligée de faire au coup par coup, car il m'était impossible d'aller dans les grandes surfaces avec mon barda !

Bric-à-brac, fourbi, attirail, bazar et n'ayons pas peur des mots, bordel…c'était mon lot de tous les jours. De toutes mes sorties. De mes promenades de maman…

Avec le recul, je sens encore le poids de cette poussette chargée à bloc et lourde...lourde !

Pour la petite histoire, les gens dans la rue, qui me croisaient, épuisée derrière cette lourde charge, faisaient des commentaires.

- Oh ! Un grand garçon comme ça, qui se fait pousser ! Il ne peut pas marcher comme un petit homme qu'il est ?

Combien de fois ?

Je me souviens d'une rencontre en particulier, devant Intermarché où une fois de plus, je faisais les courses pour ma marmaille. Une dame d'un certain âge me demanda, pourquoi, mon « grand » fils ne marchait pas. Non contente, de me demander à moi, elle se pencha vers Alec, et lui demanda également à lui. Bien entendu mon fils, qui ne parlait plus du tout depuis longtemps, resta muet. Se tournant à nouveau vers moi, elle me regarda et s'exclama.

- Et il ne me répond pas en plus !

Je dois dire que souvent l'humour a sauvé certaines situations. Mais là, j'en avais ma dose et je répondis.

- Nous, on ne parle pas aux cons !

On va répondre, une fois, deux fois...à la centième, on craque ! Et puis, ça la regarde ?

Entre épuisement et dépit. Entre peine et colère. Je prenais conscience que malgré mon bel enthousiasme, je me préparais des jours difficiles...et pour longtemps.

Pour changer de mes journées de semaine, le dimanche, avec Yves, nous prenions chacun une poussette et nous partions nous promener.

C'est un de ces dimanches et à ce moment-là, qu'ayant eu connaissance de ma situation, un ami journaliste que j'avais croisé, me proposa son aide.

« Tu ne peux pas rester comme ça. Je vais essayer de t'aider, on va te faire un article, qui passera dans les pages du département ! »

Il tint promesse et me rappela, c'était le jour de la fête des mères, je laissais mari, enfant et famille en plein repas et partis le rejoindre pour un épisode qui devait en amener bien d'autres.

Enfin de l'aide ?

Ce fut le premier d'une longue série. A la suite de ce premier article, il se passa quand même, quelque chose d'énorme.

En effet, les parents dans une situation similaire à la mienne, voire, d'extrême urgence pour certains (souvent des femmes seules, car les familles qui subissent ce genre d'épreuve, ne résistent pas la plupart du temps et c'est quasiment toujours la maman, qui doit faire face à tous les problèmes).

Ces parents, en situation de détresse, et ayant lu cet article, se tournèrent vers moi, afin que je leur apporte aide et soutien.

Je reçus donc environ trois cents coups de fil en quelques jours et quelques nuits, de mères effondrées, qui me demandaient conseil.

Mes enfants, mon mari n'en pouvaient plus. A toute heure du jour et de la nuit, je recevais des appels désespérés de parents en pleurs.

Pourtant, cela me valut quelques rencontres extraordinaires, bien que toujours très difficiles, comme celle que je fis à Cagnes sur mer. Elle s'appelait Marie et sa fille Manon, était atteinte également d'une maladie dégénérative, hélas à évolution très rapide. Marie était une battante comme moi, et si la plupart des parents, dévorés par la douleur, cherchaient auprès de moi, de l'aide parce qu'ils se noyaient dans l'indifférence la plus totale, Marie, elle aussi, voulait faire bouger les choses.

Je dois dire ici, que nous y sommes arrivées.

Nous n'avons pas regardé à la méthode. Parfois, la fin justifie les moyens.

Comme chaque fois que je désirais un rendez-vous au conseil général, on me faisait patienter de longues minutes. On me baladait de services en services. Une dizaine à chaque fois. Avec toujours les mêmes réponses. Il n'y a pas de place. On vous a déjà tout dit par courrier. On ne peut pas vous recevoir. Vous n'êtes pas la seule. Bref, toutes les excuses, je les ai entendues.

Je compris alors, pourquoi, certains parents abandonnaient la bataille.

Pas moi !

Je persistais donc.

Avec ma quarantaine de coups de téléphone par semaine, on ne risquait pas de m'oublier. Encore moins mon nom et celui de mon fils.

Hélas, les choses mirent un temps infini à laisser entrevoir une percée et j'obtins finalement un rendez-vous auprès du sous-directeur de la DDASS. Il me prévint pourtant.

- Venez, mais n'attendez rien de cet entretien. Je ne peux rien pour vous !

J'étais prévenue. Mais pas lui !

Nous partîmes, Marie et moi.

« Yves, je pars, si la police t'appelle, que je suis arrêtée, va chercher les enfants.... »

Nous avions tout prévu. Le change et la nourriture pour les petits. Les pyjamas pour la nuit et… les médias. Oui, si le sous-directeur de la DDASS n'attondait rien de cet entretien, Marie, Manon, Alec, moi et des dizaines d'enfants et de parents dans la détresse en attendions énormément.

Nous prîmes ledit directeur en otage et le séquestrâmes dans son propre bureau.

Je me souviens, nous changions les couches souillées de nos enfants sur son sous-main si bien rangé, si chic et si inutile.

« Le cœur ouvert d'une mère est plus puissant qu'une armée ! ». C'était en l'occurrence ce que j'avais dit un jour à un élu, et j'en suis toujours aussi convaincue.

La résistance fut moins importante que prévue.

Devinant très vite notre détermination, le sous-directeur de la DDASS, céda rapidement. Nos armes en mains, c'est-à-dire nos enfants et ce que nous considérions comme notre droit, nous plantâmes le camp.

Il avait pourtant commencé comme prévu, nous disant qu'il ne sortirait rien de cet entretien, qu'il avait été très clair…

Nous le fûmes aussi.

- La télévision attend devant la porte ! Nos familles sont averties ! Nous ne sortirons pas d'ici sans réponses !

Je le revois encore porter ses mains à sa gorge…pour défaire sa cravate et ouvrir son col !

Il téléphona.

Ces coups de téléphone que nous attendions depuis si longtemps, il les passa ce jour-là, au moment même où il se rendit compte que nous ne reculerions pas.

Nous passâmes à la télé.

J'apprends vite. Je compris ce jour-là, que pour obtenir quelque chose, la faiblesse ne sert à rien. Je décidais donc que je mettrais le paquet et que j'avancerais. Yves était prévenu, ma détermination n'avait jamais été si grande. S'il le fallait je m'enchaînerais au portail du Conseil Général.

Marie avait proposé une grève de la faim !

- Même pas en rêve !

Non, j'aime trop la vie et j'ai trop besoin de mes forces pour ma famille, pour m'affaiblir dans une punition que je ne mérite pas. Par contre, deux mères enchaînées, ça va faire du bruit !

Nous n'eûmes même pas besoin d'en arriver là. Les articles dans les médias se succédèrent, faisant boule de neige, on parla de notre « histoire » dans la France entière. Redoutant que tout ne retombe comme un soufflé, nous continuâmes le combat.

Nous avons donc manifesté dans les rues de Menton et de Cagnes sur mer, entre autres, et passé bien entendu encore des centaines de coups de téléphone.

La guerre porta ses fruits !

Nous fûmes reçues par Monsieur Estrosi, alors président du Conseil Général.

Il nous envoya son chauffeur et nous reçut dans ses bureaux du Vieux Nice. Je dois reconnaître qu'il fût parfait. Humble, humain et compréhensif, il nous écouta avec gentillesse et sensibilité.

Il assuma pleinement ses responsabilités et les faiblesses du système. Son Directeur de Cabinet, Monsieur Ciotti, entrait, sortait.

Je sentais, qu'enfin, nous intéressions quelqu'un !

Il avait entendu parler de nous par les médias. Il comprenait la légitimité de notre combat et l'admirait.

- Je n'ai pas minimisé votre problème, loin de là. J'ai à ce propos contacté Monsieur Xavier Bertrand, le Ministre de la Santé, qui va débloquer des fonds pour accélérer l'ouverture d'un établissement de soins pour enfants handicapés, une IME, à Mougins.

Forte de cette avancée, j'enfonçais le clou.

- Les mamans d'enfants lourdement handicapés ne peuvent pas travailler.Elles doivent consacrer leur temps à gérer les problèmes quotidiens. Elles n'ont donc aucun revenu et n'auront par le fait, aucune retraite !
- J'ai pensé à ça aussi ! Pensez-vous que 400 euros par mois suffiraient ?
- Non ! Ça n'est pas même la moitié du smic !
- Quelle somme, pensez-vous être acceptable ?
- 750 euros !

Il accepta.
Bien entendu, cette somme nous serait versée jusqu'à ce que nos enfants soient pris en charge en institut, mais quel progrès !
Ainsi, un an, avant le reste de la France, les parents de la région PACA, se virent allouer une prestation de compensation du handicap lourd.
750 €, même si la somme est insuffisante, elle permet tout de même d'apporter un minimum supplémentaire à ces mamans, obligées de quitter leur travail pour s'occuper de leur enfant, et tout cela sans aucun salaire, sans chômage, et jusque-là, sans allocation.

Nous avions même, Marie et moi, reçu un appel d'un journaliste de France 3, nous invitant à Paris pour une nouvelle émission, où nous aurions la possibilité de parler de nos vies avec nos enfants « différents ». Nous avions accepté. Toute publicité était bonne à prendre et nous étions très heureuses.

Nous n'eûmes pas un euro à débourser et l'émission se déroula extraordinairement bien. Il y avait un petit film sur nos vies au quotidien, puis le débat.

Monsieur Estrosi, intervint au téléphone et confirma nos dires.

L'émission passa un samedi et nous étions très fières d'entendre parler de nos enfants, de notre combat, bref, de nous. Nous avancions !

Hélas, il était trop tard pour Manon......

Avec Marie, nous nous appelions dix fois par jour. Manon s'affaiblissait chaque jour davantage. Nous savions, elle et moi, que les poumons de sa petite fille de six ans étaient en train de lâcher. Après la gastrotomio, loo hospitalisations successives, voilà que maintenant Manon s'étouffait.

Chapitre VII

<u>Une journée avec Alec</u>

Cet amour qui déplace des montagnes

20/09/2012 :

« 6000 enfants handicapés, n'ont pu faire leur entrée faute d'AVS »

C'est l'annonce faite aux informations aujourd'hui, preuve s'il en faut, que tout est loin d'être réglé. Je pense à tous ces parents qui se retrouvent dans les mêmes galères que moi...

Pour vous faire mieux comprendre ce qu'est une journée avec un enfant qui a un handicap lourd, je vais essayer de vous faire partager une de mes journées avec Alec.

Mon fils ayant perdu énormément de mobilité, je l'avais remis dans un lit parapluie, en attendant un lit médicalisé. S'il n'y dormait toujours pas très bien, au moins, à présent y était-il à l'abri.

Chaque matin commençait par la toilette. Si le bain, restait un moment de complicité joyeuse, la « petite toilette » était un moment fatigant d'équilibre et d'efforts. Je me revois, bloquant mon fils sur mes genoux légèrement pliés, mon bras gauche passé sous ses aisselles, je soutenais son menton, afin que son visage ne parte pas en avant. De ma main droite, je lui brossais les dents, lui lavais la figure et le coiffais. Pas vraiment une partie de plaisir...que ce soit pour lui ou pour moi. Ensuite, je le ramenais sur son lit et changeais sa couche. Son petit déjeuner prenait assez peu de temps, un biberon de « Blédi'Déj' ». Jusqu'à ce qu'on lui fasse sa gastrotomie...

Mais là, je ne sais encore rien en ces jours bénis.

Le bain que je prenais avec lui, était par contre un grand moment de partage. Nous jouions avec des cubes, chahutions avec l'eau. L'eau a toujours été l'élément d'Alec, peut-être parce qu'immergé, il est libéré de l'entrave de ce corps qu'il ne maitrise pas…c'est du moins ce que je me dis.

Baigner, changer les couches d'un enfant de quatre ans, puis cinq ans, six ans ; c'est une chose, mais le faire sur un enfant qui grandit et grossit…

Rien n'est adapté pour cela. Les tables à langer sont hautes, ne soutiennent pas le poids de ces enfants, et puis, pour le monter dessus…

Les lits sont trop bas, trop hauts ou pas assez, bref on se casse le dos, on se brise les reins. Nos appartements modernes ne présentent aucune commodité. Notre ascenseur s'arrête à mi- étage, et de toute façon, la grande poussette d'Alec n'entre pas à l'intérieur. Nous sommes donc, mon garçon et moi, bientôt réduits à un isolement total, dans la plus grande indifférence.

Alec va à présent deux fois par semaine passer la journée à l'IME. Pendant son absence, je fais tout ce qu'il m'est impossible de faire avec lui. Les courses principalement, nous sommes six à la maison et je n'ai que deux mains. Mes caddys débordaient de tous les côtés, les gens fuyaient la caisse où je m'engouffrais.

Le ménage, les grosses lessives, et Dieu sait qu'il y en a, 14 par semaine. Je cale les rendez-vous, professeurs et maîtresses d'école, médecins (cela arrive) bref, les heures filent à toute allure.

22 novembre 2007.

Un matin que je ne risque pas d'oublier, un matin de pluie diluvienne.

Les enfants, partis pour l'école et Yves au travail, en scooter, je finissais de préparer Alec, en attendant son taxi, puisqu'à l'époque c'est le moyen de locomotion de mon fils, qui tenait encore assis.

Il tombait vraiment des cordes. Il y avait longtemps qu'il n'avait pas autant plu. Le téléphone sonne. C'est Yves :

-Ne t'inquiète pas, mais j'ai eu un accident !

- Ecoute, je n'ai pas le temps, j'ai Alec dans les bras, je te rappelle.

J'ai à peine raccroché, que je regrette déjà. S'il m'a appelé, c'est peut-être grave et je ne lui ai même pas demandé. Je cale mon fils sur son lit et rappelle.

- Yves, est-ce que tu es blessé ?

- Je crois que j'ai le bassin pété. Un connard m'a coupé la route. Il y a la police et le Samu. Je pense qu'il faut que tu viennes !

J'appelle le taxi d'Alec, afin qu'il vienne immédiatement ; et mon père pour qu'il aille déjà aux côtés d'Yves.

Dès qu'Alec est pris en charge, je me rue sur le téléphone. Mon père m'apprend qu'ils sont toujours sur les lieux de l'accident, à Roquebrune.

Il y a plus d'une demi-heure que l'accident est arrivé, et ils n'ont pas bougé. Ça sent les problèmes.

Lorsque j'arrive, il pleut toujours. Les pompiers ont mis mon mari à l'abri du déluge, dans l'ambulance, mais ils n'ont pas osé le transporter. Ils craignent une hémorragie interne.

Il est amené directement à Saint Roch, à Nice, c'est l'hôpital des urgences par excellence. Moi, je suis comme je peux. La peur au ventre sous la pluie, dans une circulation de folie, je finis par rejoindre Yves. Il a le bassin brisé. Triple fracture.

Je sais que ce sera long. Finalement, il va rester un mois allongé sur son lit d'hôpital.

Un mois. Faire tous les jours le trajet n'est rien, mais il faut faire tourner la maison. Combien de fois ai-je eu la sensation que j'allais lâcher ?

A la maison, les plus grands s'occupent des plus petits lorsque je m'absente. Mélanie est formidable, une vraie petite mère. Pourtant, lorsque je rentre, tout reste encore à faire, les lessives, le repassage, la vérification des devoirs, les repas pour le lendemain…

Mais, j'ai tenu bon et Yves a finalement réintégré notre foyer. Pour qu'il profite de sa famille et participe le mieux possible, j'ai fait installer son lit médicalisé dans le salon. Me voilà avec deux lits médicalisés dans l'appartement. Et toujours que deux mains. Pour garder à notre famille un semblant de normalité, je me débrouille, je me démultiplie, je cours, j'achète, je cache les cadeaux de chacun et les fêtes de Noël se passent au mieux.

Combien de fois, sur son lit, son lit de douleur, ai-je vu Yves remercier le ciel du cadeau qu'il lui avait fait en lui donnant une femme comme moi ?

Je l'écris, car cela aidera à la compréhension de la suite. Oui, il remerciait Dieu.

- Je suis en vie et j'ai la plus belle, la plus aimante et la plus dévouée des épouses !!!!!

Il me le disait, mais le disait à qui voulait l'entendre.

Il y a aussi une anecdote que je veux raconter ici, afin de démontrer, qu'à aucun moment, ma détermination n'a faibli. Le coup qu'il avait reçu lors de son accident, avait mis à mal son... comment dire, son appareil masculin. Il était bleu de la taille au genoux et forcément, il était inquiet du silence qui lui parvenait de son entrejambe. Au bout de quelques jours et afin de le rassurer et de le faire rire (le rire mon arme), je descendis à l'hôpital, ayant revêtu une minijupe noire...sur... un porte-jarretelle !

J'avais frappé à la porte de sa chambre, comme une étrangère.

- Bonjour monsieur, c'est pour un déblocage !

Le rire fut son plus grand remède je crois et il fut pleinement rassuré. Il faut dire, que lui étant complètement immobilisé, jambes en traction, plâtré jusqu'à moitié du corps, avec ma petite jupette, je lui avais fait forte « impression », si je puis dire !

Les médecins avaient décrété que j'étais très efficace !

J'avais récupéré les enfants. Je préparais le dîner.
Mes quatre autour de moi. Le téléphone sonne.
C'est Marie.

-Si tu veux voir Manon, c'est maintenant !

Comment expliquer. Une immense chaleur qui
t'envahit. Qui monte des pieds jusqu'à ton cerveau.
Puis de suite après, ce froid glacial.
Moi qui depuis ma plus tendre enfance, ai peur de
la mort !
D'où me vient cette angoisse ? Qu'a-t-il bien pu se
passer dans mes premières années de vie, pour
que cette peur récurrente me tienne ? Je l'ignore,
encore aujourd'hui.
Malgré tout, je tenais à être là, pour Manon et pour
Marie.
Mélanie s'occupe de ses frères et sœur et je pars
pour Cagnes sur Mer.

Chez mon amie, l'équipe qui a suivi Manon, tout
au long de ses années de souffrance, est là.
Comme si aujourd'hui, plus que jamais, ils doivent
l'aider, la soutenir et faire qu'elle ne parte pas seule.
Une petite veilleuse tremblote et donne à la scène
une allure irréelle.
La chambre aussi, ainsi que le décor, tout semble
irréel. Les poupées, avec lesquelles Manon n'a
jamais joué. Les cuisines sur lesquelles nulle petite
fille n'a imité les gestes de sa maman, en attendant
de passer aux fourneaux, aux vrais…

La chambre est celle de n'importe quelle petite fille. Colorée, remplie de toutes sortes de jouets et de peluches.

Pourtant, la petite propriétaire de ce monde enchanté est en train de respirer ses dernières bouffées d'oxygène.

Je m'approche du lit, m'allonge auprès d'elle et l'embrasse. Et je m'aperçois que la petite princesse a les oreilles percées. Marie lui a fait cet ultime cadeau, la veille.

Je lui parle à l'oreille, je lui dis toute mon affection. A quel point, j'ai été fière de me battre pour elle, et à côté d'elle. Je lui demande aussi de protéger Alec, de là où elle va, sûrement un monde meilleur que le nôtre, qui permet que de telles horreurs arrivent.

Un monde où les enfants souffrent et s'en vont avant leurs parents. Je lui demande aussi de me donner la force d'affronter ce qui me reste à affronter.

Pourtant, même si je reste convaincue qu'elle part pour un au-delà où elle sera plus heureuse que sur cette terre, je m'en vais me réfugier au salon, car je ne parviens plus à retenir mes larmes.

Un certain temps passe, j'en ai perdu la notion. Je retourne embrasser ma petite amie de tous les combats. Quelques instants plus tard, le médecin nous annonce que Manon nous a quittés.

Le plus dur reste à venir. Marie est extraordinaire de courage, elle a une retenue et une dignité qui m'impressionnent.

Les vêtements de Manon attendent, sagement pliés, jupette blanche et bandeau assorti.

Cette mort, me brûle les entrailles et me ramène à mes propres peurs.

Les pompes funèbres arrivent et les employés demandent à Marie comment elle veut que l'on porte sa fille.

-Comme si elle dormait ?

Marie est d'accord.

Sauf que nous ignorions qu'il est interdit de sortir un corps, sans qu'il soit recouvert, et qu'ils mettent la petite fille dans un sac blanc.

Tout ce que nous contenions de notre mieux à lâché. Marie hurlait à la mort et a vomi ses entrailles.

Les années de douleurs et de combats, d'injustices et d'ignominie, de solitude et d'abandons, venaient d'un seul coup d'arracher les digues que nous tenions fermement pour le bien de nos enfants. Des torrents de larmes retenues ou cachées. Des flots de bile amère, toute l'horreur de notre condition de mères d'enfants différents et finalement sans aucune place dans notre société, aux angles si polis, nous revenait au visage, dans une douleur qui aurait pu nous tuer.

Je ne me souviens pas être rentrée chez moi. Et pourtant.

Deux jours après, Manon était enterrée. Les représentants du Conseil Général s'étaient déplacés. L'église était pleine à craquer.

Marie avait préparé un discours dans lequel elle réglait ses comptes, les derniers.

Si elle ne put le lire, il le fut tout de même, dans un silence et une retenue pleine de dignité. J'étais allée embrasser le cercueil avec Alec. Un dernier adieu à ma petite guerrière.

C'était le premier décembre 2007.

Comment peut-on traverser de pareilles épreuves ?

Je suis là pour soutenir mon amie dans un moment où la douleur est telle que l'on voudrait mourir. Et je sais que cette épreuve, je vais devoir l'affronter aussi, demain, dans un mois, dans un an…dans dix ans, mais je sais que c'est inéluctable. Pendant que je marche auprès de mon amie, avec mon fils dans sa poussette, je ne peux m'empêcher de penser à l'histoire du vieil homme de Rio.

Ce vieil homme qui meurt après une vie de bataille et de souffrance. Arrivé au Paradis, il demande à voir Jésus :

-Seigneur, j'ai toujours été un bon chrétien, j'ai tâché de faire le bien. J'ai honoré ma famille. Et pourtant, ma vie n'a été qu'une suite de malheurs, d'épreuves que j'ai traversés toute seule.

Jésus lui demande alors de le suivre sur la plage.

-Regarde. Regarde ces marques de pas sur le sable. Combien en vois-tu ?

-Une, Seigneur. Une seule, comme je te l'ai dit, j'ai toujours été seul.

-Non, répond Jésus, car vois-tu cette marque de pas, c'est la mienne, car je te portais.

Moi qui suis si profondément croyante, c'est peut-être dans cette petite histoire, que je trouve la force d'avancer et de sourire, de continuer et de me battre, car quelque part, je sais que je ne suis pas seule.

« Le cœur ouvert d'une mère est plus puissant qu'une armée ! »

C'était en l'occurrence ce que j'avais dit un jour et j'en suis toujours aussi convaincue.

Le combat continuait pour moi, et pour des centaines d'autres parents, Marie elle, ne pouvait plus. C'était au-dessus de ses forces et je la comprenais. Il faut dire que dans la semaine qui suivit, on lui coupa l'allocation et qu'elle se retrouva, après toutes ces années où elle n'avait vécu que pour sa fille, complètement coupée du monde, sans revenu.

Comment se remettre dans le circuit à quarante et un ans, après avoir passé six ans dans une bulle ? Par contre, l'appartement en rez-de-chaussée, qu'elle avait demandé depuis si longtemps, pour plus de commodités, lui fut octroyé à ce moment-là…lorsque Manon n'en eut plus besoin !

Pour en revenir aux parents qui m'appelaient, ils me prirent un peu comme un fer de lance.

Je montais donc dans la foulée, une association :
« La tribu d'Alec ».
Bref, je remuais. Et je ne me contentais pas de brasser de l'air, j'obtenais des résultats.
Mais quelle bagarre ! Et combien de larmes ?
Notre bataille ne s'est pas faite dans la dentelle ! Nous partions, je partais avec enfants, sac à dos et poussette, faire le siège des bureaux concernés. J'amenais entre autres, la nourriture de mon bébé et le changeais sans vergogne sur les bureaux bien rangés de ces décideurs.
Combien de fois ?
Autant qu'il fut nécessaire.
« Yves, je pars ! Si la police t'appelle, et que je suis arrêtée, va chercher les enfants…. »
C'était le préambule de toutes mes bagarres. Yves savait que rien ne m'arrêterait, et que si j'étais prête à tout, il devait l'être aussi.

Dans la série des belles rencontres, , il y en eut tout de même une, qui fût décisive et m'ouvrit quelques portes.
En effet, il me faut revenir en août 2006, alors qu' Yves et moi, sortions Alec et Zoé, en fin de journée, chacun sa poussette… je reconnus sur une place de Menton, devant le manège, une figure bien connue du petit écran. Réputée pour sa gentillesse et son humanité… certes, mais les réputations, depuis quelques années, j'avais fini par m'en méfier… malgré les mises en garde de mon mari, alléguant, les vacances, la famille et les enfants de ladite célébrité, je m'approchais.

Habitué aux diverses demandes d'autographes, et déjà prêt à une signature supplémentaire, l'homme en question me souriait.

« Je ne suis pas là pour un autographe ! »

Son épouse mettait les enfants sur le manège, je savais que j'avais exactement trois minutes et pas une de plus.

Le temps d'un tour...

« Je ne suis pas là pour un autographe ! C'est d'aide dont j'ai besoin. ! »

Avec un débit de moulinette, je lui expliquais rapidement ce qu'était mon combat au jour le jour.

Je me souviens, il demanda à sa femme de faire refaire un tour de manège aux enfants. Elle même, revint écouter mon histoire et fit ce commentaire extraordinaire.

« Uno maman qui se bat contre la maladie pour son enfant...cela demande beaucoup de courage et il ne faut pas baisser les bras ! »

Durant les deux tours de manège, qui scellaient mon sort ou plutôt celui de mon enfant et de bien d'autres comme lui, je mis entre les mains de cet homme de médias, mon combat. Et il m'entendit.

- Je rentre dans quelques jours. Je préparerai un dossier complet sur ce que vous avez fait et sur ce qu'il faudrait faire, joignez les coupures de presse, tout ce qui peut être utile, et envoyez !

- Où ?

- A TF1 !

- Ecoutez, je m'appelle Sandrine, de Menton. Je n'ai qu'une parole, et vous, vous en avez combien ?

-J'en ai une ! »

Je fis comme il avait dit. J'envoyais mon dossier et j'attendis.

Un jour, alors que je déjeunais chez un ami, mon portable sonna.
« Sandrine de Menton ?
- Oui !!
- C'est JPP, une équipe de tournage sera chez vous à 14 heures. »

Dans la panique la plus totale, je me préparais à accueillir « l'équipe ». Si j'avais assez l'habitude des médias essentiellement des journaux, ma première expérience télévisée m'attendait. Le lendemain, au journal de treize heures, l'histoire d'une mère et de son enfant différent, porte-drapeau d'un monde méconnu de tous, crevait le petit écran.
Il y aurait bien d'autres expériences, bien d'autres articles, bien d'autres interviews dont un passage sur France 2.
J'étais, je l'ai dit, prête à tout et je fis des pieds et des mains pour faire avancer les choses. Un article, en appelant un autre, le combat commença à payer.
Je reste persuadée que sans la gentillesse et le temps que prit JPP, pour m'écouter et donner suite à ma demande, beaucoup de portes ne se seraient sûrement jamais ouvertes. Il reste dans mon souvenir, tel que chacun le décrit, aimable, humain, compatissant et …de parole !

J'aimerai faire, à ce moment là, une parenthèse.

Toutes ces semaines, ces quelques mois, furent immensément pénibles, mais je dois dire, qu'Yves m'avait fait, pour mon anniversaire, le 13 juin, un cadeau inoubliable.

Mon mari était un accroc de l'alcool et du jeu, lorsque je l'avais rencontré. Il était bien vite retombé dans ses travers. De guerre lasse, je lui avais demandé de passer quelques jours chez sa mère, afin de le faire un peu réfléchir.

Ce week-end-là, pourtant, des amis à nous avaient organisé un déjeuner en l'honneur d'Alec, afin de lui offrir un appareillage, bien particulier, qui devait lui donner un minimum d'autonomie. Une sorte de grand trotteur, lui dont les jambes avaient complètement cessé de fonctionner. J'avais donc permis à Yves de regagner le domicile conjugal, nous pourrions ainsi partir à ce fameux déjeuner en famille.

Il n'était parti que quelques jours, mais son retour devait être fêté dignement…

J'étais donc en train de préparer des pancakes dans la cuisine, lorsque je vis ma petite Zoé, jouer avec le téléphone de son papa, et répondre à une sonnerie.

Je me dépêchais de raccrocher, espérant que ladite sonnerie n'avait pas eu le temps de déranger le correspondant malchanceux. Hélas, le portable sonna presque immédiatement. J'allais m'excuser, lorsque je fus scotchée par une voix suave.

- Oui mon amour !

J'eus le réflexe de noter le numéro affiché.

Déjà, Yves, alerté par la sonnerie de son téléphone arrivait.

- Je sais que je suis très aimée, Yves, mais peu d'inconnus m'appellent chérie !

Il nia, tenta vainement et maladroitement de se justifier. J'étais une fois de plus coupée en deux et déchirée.

- Ecoute Yves, cette journée, on va la passer comme si de rien n'était. Les gens se sont mobilisés pour nous, on ne va pas leur faire affront. Mais je t'assure qu'après tu te casses. Tu disparais !

Nous fîmes comme je l'avais dit. Mon Alec avait son trotteur ! Mais à quel prix ?

Le lendemain, je composais le numéro que j'avais eu le temps de noter. Bien sûr, j'eus la messagerie, et ce fut sur la musique de la croisière s'amuse, qu'une voix qui se voulait de sirène, m'invitait à monter à bord pour une balade en mer.

- Ecoute moi, trainée je ne vais pas monter à bord, mais je serai sur le quai ! Tu as intérêt à m'attendre, je suis madame Fort, et j'ai deux mots à te dire !

Je téléphonais à ma meilleure amie, la faute aux nerfs sûrement, je lui chantais la mélodie de la croisière s'amuse en boucle. Elle rigolait tellement, qu'elle désamorça la situation.

Non ! Une espèce de garce de quelques nuits, ne briserait pas le bonheur que j'avais construit. Je décidais de ne pas l'affronter, ce que je fis, et de pardonner.

J'y repensais pourtant, lorsque je changeais les couches de mon mari.

Lorsqu'il chantait mes louanges. Lorsque la nuit, il faisait sonner mon portable d'un SMS, parce qu'il avait besoin du pistolet pour uriner ou mieux encore…

Durant tous ces mois, je ne manquais aucun anniversaire :

Mélanie, le 7 mars.
Arnold, 26 septembre.
Alec, 17 aout.
Zoé, 24 décembre.
Yves, 23 juillet.

Et même le mien, le 13 juin, mon anniversaire, à moi et à mes deux mains. Deux mains pour faire les toilettes, deux mains pour changer les draps, deux mains pour le ménage, le lavage, le repassage, les devoirs, les repas. Deux mains pour rassurer, deux mains pour consoler.

Lorsque je me retourne, qui m'a consolée, cajolée, rassurée ?

Le peu de réconfort que j'ai trouvé, est bizarrement dans la relation que j'ai construite avec Sandrine, la maman d'Anthony.

Elle a traversé, que dis-je ? Elle traverse les mêmes galères, les mêmes douleurs que moi. Elle se bat contre les mêmes diables, ses combats sont les miens. Elle est la seule qui peut me comprendre vraiment.

Chapitre VIII

L'important , c'est d'être aidé !!!!

Sans rien rajouter, mais rien enlever non plus, j'ai essayé de vous accompagner dans mes journées, afin de vous faire vivre, notre progression, notre adaptation et surtout notre acceptation du handicap de mon fils. Chaque jour, il me fallait m'adapter, imaginer et avancer. Chaque adaptation m'amenait vers une autre. Lorsqu'il a perdu la marche, il m'a bien fallu accepter. Lorsque ses mains, ses membres supérieurs, se sont raidis et qu'il ne put plus rien attraper, il m'a fallu m'adapter. M'adapter et accepter. Je pense que ces deux mots ont été le fil rouge de ces dernières années.

J'acceptais donc et je m'adaptais. Comment réagissait mon entourage… c'est une autre histoire.

Pour mes enfants, je faisais en sorte que leur vie soit la plus normale possible.

Ecole, amis, sorties, anniversaires…réunions de parents d'élèves, orthodontiste, orthophoniste…mes journées étaient bien chargées, vous l'avez compris, mais pour moi la normalité était le maître mot. Vivre avec un frère handicapé, c'est très lourd, et je dois dire qu'ils ont été, tout au long de ces années, admirables. Ils adoraient Alec et l'entouraient de leur mieux, même ma petite Zoé. Je sais à quel point, la situation était difficile, surtout pour mon ainée, Mélanie.

Bien sûr, il y a eu des clashs, des mots, des larmes…mais en comparaison des années traversées et partagées, ils n'ont pas compté.

Entre temps, mai 2008, six mois après l'accident d'Yves, mon père, ne rentre pas à l'heure un soir, ma mère m'a prévenu. Lui, qui est aussi ponctuel qu'un coucou suisse…c'est mauvais signe.

J'entreprends de faire le tour des hôpitaux. Je le retrouve à la Palmosa, en sang, il y est depuis deux heures, personne ne nous a prévenu. J'apprends qu'il a été renversé par une « merdeuse » de seize ans, sous le pont du Borrigo, à cent mètres de la maison. Traumatisme crânien. Un œdème lui déforme le côté gauche du visage. Ses côtes ont perforé un poumon. Son épaule est fracassée, ses dents cassées…à soixante-quatre ans, inutile de dire qu'il va en garder des douleurs.

Nouveau transfert à Saint Roch…l'histoire recommence.

J'ai appris quelque chose durant les semaines qui suivirent, que c'est de lui que je tiens mon amour de la vie et mon optimisme. Ce malade est un cadeau. Il est non seulement un bon mari, un bon père, un grand-père extraordinaire, mais même brisé, il continue à nous encourager et à sourire…voir à nous faire rire.

Bien sûr, maman est anéantie, elle n'a jamais quitté mon père. Pas un jour. Elle se retrouve donc complètement désarmée. Il me faut donc « caler » dans mon emploi du temps déjà chargé, les visites quotidiennes à Saint Roch.

Même si cet épisode est dramatique, il n'a été qu'une parenthèse dans la vie de mes parents.

Au jour le jour, pourtant, tout au long de ces années, mon père qui souffrait pour moi, je le sais, tentait par sa présence, de soulager mon fardeau... mais tout cela n'est pas si simple.

Yves, petit à petit, délaisse son rôle de père et d'époux. Il part tôt, rentre tard. Boit, joue. Je mange seule et m'occupe des enfants, seule. Bientôt, il commence à « travailler » le samedi. Il ne prévient plus qu'il ne rentre pas manger... je suis de plus en plus isolée et esseulée.

Du côté des parents d'Yves, comment dire ?

C'est la Bérézina !

J'ai même honte pour eux.

Sa maman, qui avait été présente dans la vie d'Alec, les premières années, a quasiment disparu du paysage. Ses apparitions sont très aléatoires. Une fois par mois, une fois tous les six mois...une fois par an. Je ne sais ce qui motive ses apparitions, ou ses disparitions, mais il en est ainsi.

Du côté du père de Yves, c'est carrément une autre dimension... cet homme, qui tout au long de sa vie a été attiré par les sectes, et n'a aimé qu'une seule personne, lui ; est fidèle à lui-même. Il a été absent depuis le début, et je pense qu'il le sera jusqu'à la fin. Même lorsqu'Yves était sur son lit de douleur, il ne s'est jamais manifesté... Oh ! Excusez-moi, il est venu, apporter quelques pastilles homéopathiques à son fils écartelé...

Lui, qui a toujours été cousu d'or, n'a jamais acheté ne serait-ce qu'un paquet de couches pour son petit-fils. Noël, anniversaires, jamais ses petits-enfants, n'ont eu un cadeau de sa part même pas un petit billet, ni même un goûter...

Il a fait pire, lorsque des amis, connaissant la situation d'Alec, lui demandent des nouvelles, il arrive à avoir la larme à l'œil et le sanglot dans la voix, pour dire... « Ça va ! ». Que dire d'autre, il lui est arrivé, de rester quatre ans sans le voir !

Il était très occupé, il faut bien le dire, à se marier pour la quatrième fois et à faire encore trois enfants à sa dernière épouse, portant le nombre total de ses descendants à cinq. Facile de faire des enfants, lorsqu'on ne s'en occupe pas. Ensuite, il attendait chaque jour l'arrivée des extra-terrestres dont il est un représentant ici-bas. Un épisode très impressionnant aussi, alors que nous traversions l'enfer, il tenait absolument à ce que sa quatrième épouse, apprenne à écrire avec les pieds...pour le cas où elle perdrait un jour l'usage de ses mains...vu qu'il avait quarante ans de plus, il est à parier qu'il perdrait l'usage de ses mains et du reste, bien avant elle.

Pourtant, c'est un kinésithérapeute de renom, les gens se font masser depuis des années par lui.

Mais il n'a jamais mis les mains sur Alec, il ne s'est même jamais déplacé pour le voir, lors de ses nombreuses hospitalisations...

Il nous a même un jour, expliqué que si nous avions un fils comme Alec, c'était que nous le méritions.

Sur le coup, j'aurais voulu le voir mort. Mais immédiatement, j'ai pensé qu'il avait raison, et je lui ai dit : « Vous avez raison, pour assumer un enfant comme lui, il fallait en être digne et avoir un amour incommensurable à donner. Ce dont vous êtes dépourvu. »

J'ai donc sur le champ fait une croix sur cette partie de la famille. Ils n'étaient pas dignes de croiser la route de mon fils.

Mon beau-père est quelqu'un de très connu. Je pense que les gens qui le connaissent et le côtoient, même s'ils le trouvent bizarre, n'imagineront jamais, le genre de personnage qu'il est. Narcissique, avare, méchant, méfiant, égoïste...les qualificatifs ne manquent pas. Et je n'invente rien.

Par respect pour le père de mes enfants qui porte cette croix, je m'abstiens de tout écrire...car oui, il y aurait encore beaucoup à dire.

Le départ de sa quatrième épouse pour un pays francophone, n'a rien changé.

Il part voir ses enfants là-bas, deux fois dix jours par ans, ce qui est un minimum…mais ne fais pas un détour pour venir voir mon fils. La recherche d'une cinquième épouse, l'occupe énormément, il faut dire que même cousu d'or, il a soixante-seize ans…les jeunettes de vingt ans ne lui font pas peur…ce sont elles qui ont peur…malgré ses allégations de jeunesse, et la démarche n'est donc plus aussi aisée.

Pendant ce temps, chez nous cela avance… Pas pour le mieux, mais cela avance. Maintenant, nous avons mis un nom sur la maladie d'Alec. Il souffre de leucodystrophie indéterminée.

Par la clientèle cosmopolite de son commerce, Yves, à ma demande, fait le tour des étrangers afin d'en savoir plus. Peut-être les recherches sont-elles plus avancées ailleurs ?

Fatalité, une américaine, dont je tairais le nom, connaissait un grand médecin, spécialiste généticien, en Israël et eut la gentillesse de prendre contact avec lui, par mail. Cet éminent spécialiste nous dirigea vers le docteur Odile Tangui, une des plus grandes chercheuses.

Elle pratiquait à Clermont-Ferrand à l'Hôtel Dieu, où se trouvait le centre de référence des leucodystrophies, qui fut par la suite déplacé sur Paris.

Nous voilà donc avec du grain à moudre.

Dans un premier mail, je fis un résumé de notre situation, deux heures plus tard, elle répondait. Elle avait un déplacement, au Chili, pour un congrès, mais nous recevrait dès son retour.

Notre premier rendez-vous eut lieu le 2 janvier 2006.

Vacances de Noël, les enfants gardés chez nous ; nous savions que nous partions pour cinq jours. Yves, Alec et moi, prîmes la voiture. Le programme était chargé, nous avions reçu le détail, il était très lourd. La secrétaire m'avait prévenue, nous ne serions pas seuls.

Arrivés à l'hôpital, si je fus surprise de la vétusté de l'établissement, je m'y sentis tout de suite bien. De petits bâtiments à l'ancienne, se côtoyaient, de pleins pieds. Les chambres, spartiates, s'il en est, me mirent tout de suite en confiance. Je me sentais bien. Je fis la connaissance, lors de cette première visite, d'une autre maman dont le petit Anthony, est atteint également de leucodystrophie. Elle s'appelle Sandrine, comme moi, est du signe des gémeaux, comme moi ; comme moi, elle aime la vie et prend à bras le corps la maladie de son fils. Comme moi, ici en région PACA, je me suis battue, elle qui habite dans le 93, a mené le même combat. Eloignées géographiquement mais si proches par la volonté de ne pas nous laisser abattre par les évènements. Nous nous sommes découvertes si proches…que nous ne nous sommes plus jamais quittées.

Anthony n'a jamais marché, mais parle un tout petit peu. Il se déplace en fauteuil électrique et son papa, a aménagé et adapté toute la maison autour de lui. Le centre de référence étant à présent à Robert Debré à Paris, Sandrine continue à l'y conduire régulièrement.

Mais pour l'heure, nous nous découvrons et comprenons qu'un même combat nous tient debout. Nous dormions toutes les deux à l'hôpital avec nos garçons, pendant que les papas, dorment à la maison des parents : Merci Bernadette Chirac.

Les examens nous trouvaient collées l'une à l'autre dans une même épouvante. Chaque matin, c'était le rituel des prises de sang. Qu'est ce qu'on leur a pris comme sang à ces enfants ! Nous avons compris devant ces vingt-cinq tubes-éprouvettes que nous étions dans la recherche et que nos enfants quelque part, servaient de cobayes. Nos souris blanches...

Il y avait aussi les jours de transports dans un établissement voisin, nous prenions alors l'ambulance. Ils avaient droit à une biopsie de la peau, à une IRM, un électromyogramme, une EMG, une ERG, et le pire, le PEV, potentiel évoqué, pour voir comment répondaient les périphériques cérébraux. Les petits étaient déshabillés entièrement, mouillés et on leur collait des électrodes partout sur le corps et sur la tête...il faut le voir pour comprendre.

Yves, bien sûr s'absentait dans ses moments-là, et courrait se réfugier dans un bar, de préférence PMU. Il faut dire que l'on se croyait revenu aux temps ancien de la médecine barbare.

Les enfants, tous nus, tremblants de froid, et ne comprenant pas ce qui leur arrivait, se débattaient. Les infirmières blasées, faisaient des réflexions que nous n'acceptions que très mal. Mon bon caractère a bien failli un jour venir à bout de ma bonne éducation et de ma résistance. J'ai pris à partie l'infirmière en chef et j'ai bien failli l'étendre sur le lit…je l'ai même menacée de lui fourrer les électrodes quelque part !

Comme vous pouvez le constater, ces séries d'examens, que nous faisions pour le bien d'Alec, n'étaient pas anodins. Nous pensions qu'ils nous apporteraient de l'aide, une avancée et qui sait peut-être avec de la chance, un début de solution. Six ans après, j'espère que tous ces examens, faits sur mon fils, aiderons les enfants qui souffrirons de cette terrible maladie dans l'avenir, car j'ai compris que rien ne sortirait de tout ça pour Alec. Ils serviront peut-être les générations à venir, mais lui n'en profitera pas.

Un jour, me voyant pleurer, le professeur Tangui, me demanda si je pleurais parce qu'Alec allait mourir. C'était en quelque sorte, le point sur le i.

Elle a rajouté, que mes autres enfants aussi allaient mourir un jour et que je devais continuer à faire ce que je faisais chaque jour, profiter d'Alec et de tous ceux que j'aimais !

Je n'ai jamais oublié ce conseil, et il m'a souvent aidé.

Nous avons faits ces allers-retours pour Clermont-Ferrand, une semaine par an, durant quatre ans, puis j'ai perdu espoir, encore une petite mort.

L'état d'Alec, ne s'améliorait pas, loin de là, mes deuils se succédaient.

Si moi j'avais perdu espoir, en un progrès pour la santé de mon fils, Yves de son coté, avait depuis longtemps baissé les bras. Il m'arrivait de penser que son fils était pour lui un boulet.

Pour l'heure, Alec va deux fois par semaine à l'IME. Le rythme est pris, j'accepte presque bien la séparation…presque. Les premiers jours, j'avais tant à faire…je regroupais pratiquement toute ma vie dans ces quelques heures de liberté retrouvée. Je voyais mes amis, je faisais mes courses un peu plus calmement. Consacrer du temps à mes trois autres enfants, ça aussi redevint plus normal et pas seulement un luxe rapide. Bref, je courais du matin au soir deux jours par semaine, et c'était comme un exutoire à ces années de vie recluse. Et puis, et puis, en courant hors de chez moi, l'absence d'Alec était moins flagrante.

Nous arrivons petit à petit à la fin de l'année 2009. Alec va à présent, trois jours par semaine à Saint Antoine. J'ai accepté non sans mal, de me séparer un jour de plus de mon garçon. Il faut dire qu'il grandit.

Il grandit mais ne grossit pas trop aux dires des médecins. Même, il arrive à un certain moment, qu'il commence à maigrir. En effet, manger le fatigue tellement, qu'il mange de moins en moins. Il tombe à dix-sept kilos. Tous les os de son squelette saillent sous sa peau tendue.

C'est horrible.

Le docteur de l'IME, me prend rendez-vous avec le docteur Sanchez de Lenval. C'est un médecin infantile, spécialiste en chirurgie viscérale. Je suis abonnée à « Déclic », un magazine sur le handicap. Je comprends immédiatement que l'on va me parler de gastrostomies. Encore un deuil, encore une petite mort. On m'en avait déjà parlé à Clermont-Ferrand, mais il y avait deux facteurs qui avaient fait que j'avais reculé le plus longtemps possible l'intervention. Premièrement parce que faire ses repas à Alec était pour moi un grand plaisir, je pouvais suivre ses goûts et lui donner un peu de bonheur ; c'était un moment de partage et puis surtout, la gastrostomie me ramenait à Manon, et à sa fin.

Hélas, là, je n'avais plus le choix, c'était une question de vie ou de mort. Il faut dire que le docteur Sanchez me montra les côtés positifs de cette intervention. Facilité à lui faire prendre ses médicaments, à l'hydrater ; et rien ne m'empêchait de lui donner des bricoles à la cuillère.

Il me fallut m'y résoudre pour sauver mon fils. J'avais mille questions à poser. Pourrais-je encore le baigner ? L'amener à la piscine ? Pourrais-je le mettre sur le ventre ? Il le fallait parfois pour l'habiller ou le laver, le masser…bref, il répondit à mes mille questions et nous prîmes rendez-vous.

Le 21 janvier 2010, l'opération eut lieu. Je pleurais durant deux jours. Je fus autorisée à attendre en salle de réveil, exceptionnellement, afin qu'il ne soit pas perdu en reprenant conscience, et pour me rassurer moi aussi.

La première chose que je fis, fut de soulever son drap pour voir. Je trouvais son pansement étrangement haut sur son ventre.

Voilà, je devrais me faire à ça aussi. Au fait que mon petit garçon avait sur son ventre une capsule que je devrais désormais dégoupiller pour le « brancher » afin de le nourrir.

Il faut dire, que cette intervention, fut très positive, que de dix-sept kilos, Alec en pèse aujourd'hui quarante. C'est formidable pour lui, par contre, j'en pèse, cinquante-quatre. Il n'est donc pas surprenant que je sois cassée de toutes parts et obligée de faire des infiltrations, encore, et oui, pour tenir le coup.

Car je dois dire ici, que la toilette, les soins, les repas, tout passe par moi. Encore hier, il est venu passer son mercredi à la maison, je dois le raser, car les médicaments ont développé sa pilosité. Je le masse, pour prévenir les escarres. Je lui fais des soins de peau, car sa peau se dessèche. Pédicure contre les ongles incarnés, manucure pour ses ongles qui poussent si vite. Toute une batterie de soins, que j'ai toujours été seule à lui donner.

Lorsque je me retourne sur cette histoire, je me rends compte que très vite, je me suis retrouvée seule devant cette maladie. Par chagrin, afin de se protéger ou par pure lâcheté, quelle qu'en soit la raison, tout le monde a baissé les bras, et lorsque je dis tout le monde, je pense surtout à son père, qui, je le réalise aujourd'hui, n'est plus là pour Alec depuis longtemps. Mon chagrin, ou ma lâcheté ne m'ont jamais fait baisser les bras.

C'est toujours seule, que j'ai combattu. Je ne suis plus disposée aujourd'hui à accepter et à excuser. Moi aussi parfois j'aurais voulu fuir, ne pas avoir à subir tous ces deuils, toutes ces souffrances, mais c'est vers moi que se tourne le regard d'Alec.

C'est ma voix que ses yeux cherchent et je sais que je suis son seul point de repère. Moi ! Parce que je n'ai jamais baissé les bras. J'ai oublié de me protéger, parce que c'était mon devoir et que l'idée ne m'a même pas traversé l'esprit, contrairement à beaucoup…contrairement à tous !

M'occuper de lui, ne me coûte jamais. Je suis son repère mais il est mon soleil.

Chapitre IX

<u>Et ça continue !</u>

2 octobre 2012, quinze jours avant mon anniversaire de mariage : Le clash !

On peut supporter beaucoup. Je pense que je l'ai fait. Par amour, j'ai supporté, j'ai subi et j'ai accepté car j'aime corps et âme. Mais ce jour-là, la coupe était pleine.

Je sais accepter et pardonner, mais lorsque je décide que c'est fini…c'est fini !

Ces dernières semaines, je ne peux plus supporter la manière dont me traite Yves ; non seulement, il ne rentre plus souper avec nous le soir, depuis des mois, mais voilà qu'il rentre désormais avec un taux d'alcool dans le sang inacceptable. Auparavant, c'était souvent, les week-ends, qu'il rentrait ivre. A présent, c'est tous les soirs. Je l'ai prévenu. Je l'ai mis en garde. Pour notre couple, c'était inacceptable, mais pour nos enfants, pour notre fille, je ne puis plus l'excuser !

Comme il rentre saoul, il crie, réveille la maisonnée, me traite de noms d'oiseaux.

La salle où il travaille, jouxte une brasserie, il l'appelle en riant son deuxième bureau. Il y passe ses soirées et ,petit à petit, une partie de ses nuits. Il y laisse aussi une partie de sa paye.

Comme je commence à me révolter, les insultes arrivent, les mots orduriers, il me traite comme si j'étais une de ses filles avec qui il passe ses soirées et parfois ses nuits.

Une de ses stagiaires, devenue professeur, qu'il a suivi tout au long de son parcours, est sa confidente.

Ils passent tant de temps ensemble, qu'entre ses chiens et Yves, son propre mari sature. Durant des mois, ils se sont envoyé des SMS, dignes des cours de récréation. Elle est jeune et elle ne connait encore rien à la vie. Sans doute que l'attention du fils du patron, flatte son égo. Si les blagues salaces sur les clients d'Yves donnent du piment à sa vie...Alors, Je crains le pire pour elle.

Toujours est-il que mon mari avec les soucis que rencontre notre couple et notre fils, perd son temps en fadaises. Il faut bien que je reconnaisse, qu'Yves, a toujours eu un comportement double. A la maison, il prenait son baluchon de pauvre époux, de pauvre père et donc de malheureux. Mais au travail, il était gai et joyeux, bavard et rieur. Je lui disais souvent que C'était la frontière avec Monaco qui avait cette influence sur lui. Passée la frontière il rentre dans le pays des « Bisounours » ! Fini de faire le bagnard avec son boulet à traîner ; il reprend vie !

J'ai donc eu mon compte, et je lui ai demandé de partir. Je pense que quelque part, ma décision était prise, mais cette soirée l'a confirmée. Cette soirée, où il a réveillé sa fille, il lui a fait peur. Elle a vu sa maman être considérée comme une moins que rien, se faire jeter de l'argent au visage, et se faire traiter de sale pute. Là j'ai décidé que c'était le moment de mettre un terme à cette union qui n'était plus qu'une mascarade de mariage. Il avait beau répéter, une fois dessoulé que nous nous aimions et que nous ne pourrions pas vivre l'un sans l'autre, c'était terminé !

Fini de le suivre chez les alcooliques anonymes, fini de le suivre chez les thérapeutes, pour qu'il exorcise ses démons d'enfance.

Lorsque je le lâchais, il n'allait plus au rendez-vous. Moi et mes deux mains, nous avions aussi la famille à gérer. Je ne pouvais pas le conduire à chaque séance, et bien sûr, il n'y allait pas. De toute façon, il a même réussi à tromper les médecins.

-Votre mari, n'est pas à un stade si avancé ! M'avait dit l'un d'entre eux.

Bien sûr, mon mari n'avait pas le profil des cas qui fréquentaient le sous-sol de l'hôpital Larchet, où se trouvent les bureaux des médecins qui font le suivi médical des addictions.

Il faut dire que les bars de Monaco, n'ont pas la même connotation que la rue et que le « cubi » de rouge qui tâche, détruit peut-être plus vite que les alcools haut de gamme, servis dans ces lieux huppés que fréquentait mon époux.

Toujours est-il, que mon mari se torchait tous les jours !

J'en avais ma dose. C'était fini.

Voilà vingt jours qu'il n'est plus là. Je me rends compte avec le recul, que c'est ce qu'il cherchait. Paradoxalement, il mène aujourd'hui, la vie qu'il voulait. Loin de toute contrainte, il peut enfin se « réaliser » !

Lorsque je l'ai connu, il était sans travail, il vivait chez sa mère et n'avait pas le sou. Il n'avait même pas de compte en banque. Ses dettes étaient énormes, j'ai même réussi à en faire annuler une de 55 mille francs, à l'époque.

Aujourd'hui, ce temps-là est loin derrière lui. Il a un métier, des relations, et... de l'argent plein les poches.

Oublié, notre fils, celui qu'il m'avait demandé comme une grâce. Il n'a pas pris la peine de prendre de ses nouvelles, depuis qu'il est parti.

A croire que pour lui, Alec est déjà mort !

Pourtant, il vient de m'apprendre qu'il doit s'absenter quelques jours. En effet, un de ses clients gravement malade, lui a proposé de l'accompagner à Jérusalem, pour y chercher un équipement particulier, qui pourrait peut-être le soulager.

Nous partirons en jet privé, si j'ai mon passeport à temps !

Il sait très bien que mon rêve est depuis longtemps de me rendre en Terre Sainte avec Alec, mais son état ne le permet plus. Et voilà qu'Yves, m'apprend avec un sourire béat, qu'il va lui, à Jérusalem, pour un parfait étranger.

Le samedi soir, j'étais invitée à l'enterrement de vie de jeune-fille de ma future belle-sœur car mon frère se marie . Pour cette raison, je n'ai pas eu d'autre choix que de laisser Alec à l'IME. La directrice et le directeur de l'institution, connaissant la situation difficile de ces dernières semaines, m'avaient demandé de ne pas hésiter à faire appel à eux. J'avais donc pris l'initiative, de laisser mon fils. De toute façon, je n'avais pas le choix. Personne à part moi, ne sait le nourrir, le changer...bref, subvenir à ses besoins.

Le dimanche, mon fils me manquait tant, que j'avais pris ma voiture, et toute seule, je suis allée passer un peu de temps avec lui. Un peu de temps pour le masser, lui parler, lui donner son goûter...qu'il comprenne qu'il n'était pas abandonné.

Et son géniteur m'annonce, le soir même qu'il part à Jérusalem. Encore une épine.

Il m'a dit l'autre jour que pour lui tout était au top : argent, travail, femmes. En ce moment, il s'affiche avec sa dernière conquête, dans tous les bistros, tous les restos cheap ou chics, bref, il vit enfin la vie dont il rêvait.

Quelque part, ma décision de le mettre dehors, l'a bien arrangé. Lui, comme la plupart des hommes ne serait jamais parti. Ils aiment mieux nous pousser à bout et faire les malheureux abandonnés, après coup.

Sa mère lui a trouvé un petit studio pres de chez elle. La boucle est bouclée, retour à la case départ ; sauf qu'il abandonne un balluchon lourd de femme et enfants...

Il ne garde que ce qui a de l'importance pour lui... son argent.

Le reste, il peut sans se retourner, le laisser sur le côté de sa route.

Chapitre X

Ceux qui restent…

Dernièrement, j'ai déjeuné au restaurant avec mon fils ainé, Arnold.

Depuis qu'ils sont ados, j'ai toujours pris le temps de passer des moments avec chacun d'entre eux ; seule, sans le lourd fardeau de la fratrie. Je déjeunais le jeudi avec Mélanie, lorsqu'elle suivait les cours à la fac de Nice. Nous parlions ainsi beaucoup, car elle vivait très mal la solitude de son studio niçois. Là, c'est donc avec mon ainé que je me retrouve en tête à tête.

« Little Italie », dans l'impasse face au Nouvelles Galeries. Mon fils se livre. Je savais qu'il était difficile pour mes enfants, d'envisager la disparition de leur « petit frère ». La conversation avec Arnold, m'a brisé le cœur. Encore une blessure que je dois garder en moi. Que je ne dois pas montrer.

Mon fils vit avec une cicatrice immense dans son cœur.

-Tu vois, maman, je ne sais pas comment je vais pouvoir supporter la vie sans Alec.

Mon fils s'est fait tatoué le prénom de son frère sur le bras, il y a deux ans pour son anniversaire. L'amour qu'il porte à son frère ne m'est donc pas inconnu.

Mais l'entendre m'avouer, cette peur du vide à venir, m'a laissée avec une nouvelle épine. Je lui ai expliqué, que c'est dans notre souvenir et uniquement, dans notre souvenir, qu'Alec pourrait continuer à vivre.

Que tout l'amour que l'on reçoit de son vivant, nous reste et que nous l'emportons dans notre départ pour une autre vie. Je suis croyante, je n'ai cessé de le répéter dans ces écrits car je suis profondément persuadée, que tout ne s'arrête pas parce que nous fermons les yeux. Ce qu'il y a de plus beau en nous, reste et continue à grandir dans ceux que nous aimons. Nous devons certes nous habituer à l'absence, mais tout n'est pas fini.

Tout cet amour, toute cette énergie, nous fait survivre.

« Je pars pour Jérusalem. Je vais prier pour que tu trouves la paix et que tu sois heureuse. Mes enfants seront dans mes prières ! »

6 heures 59. Je reçois ce texto d'Yves.

J'hallucine !

Voilà vingt-huit jours, qu'il a quitté la maison. Il ne m'a plus demandé de nouvelles de son fils et n'est plus venu chercher sa fille depuis la dernière semaine d'école. Nous l'avons attendu sous la pluie, sans qu'il nous prévienne le moins du monde. Et là, il vient me dire que ses enfants sont dans ses pensées, comme si s'était exceptionnel.

J'hallucine !

Même s'il est passé voir Alec à l'IME, je pense que je me suis profondément trompée sur sa volonté d'être père, sur son amour pour ses enfants.

Pourquoi m'avoir imposé, deux enfants de plus ?

Aujourd'hui, mes deux enfants nés de mon mariage avec Yves, sont la prunelle de mes yeux, comme mes deux ainés, mais je ne peux m'empêcher de penser à la torture que je subis depuis que j'ai appris la maladie de mon Alec.

Car finalement, depuis treize ans, c'est moi seule, qui m'occupe de lui.

Son envie de paternité, correspondait à une période de sa vie, lorsque nous nous sommes rencontrés.

Aujourd'hui, peut-être traverse-t-il la fameuse crise de la quarantaine, si souvent évoquée chez les hommes de son âge.

Toujours est-il qu'il est ravi d'être libre pour sa nouvelle compagne, car il n'a pas traîné.

Il s'est libéré de ses entraves.

Il a l'argent et le temps pour le dépenser, et surtout, surtout, personne pour tenter de le raisonner. Il peut enfin, rentrer ivre tous les soirs.

Ceci dit, il est facile d'être la nouvelle femme d'un homme qui a les moyens. Il n'y a pas de contraintes telles que la tenue d'une maison où vivent 6 personnes, avec le lavage, le repassage, les courses, les repas, la vaisselle, les devoirs, le pédiatre, j'en passe et des meilleures.

N'avoir qu'à se faire belle pour aller « au bal » !

N'importe quelle femme, je pense, en est capable !

Par contre, rester femme, malgré toutes ces contraintes, durant quinze ans, ça c'est différent !

C'est pourtant, ce que je me suis employée à faire, et sans fausse modestie, j'y suis parvenue !

Que sa belle profite, ça ne durera pas, je connais Yves.

Les femmes se sont bousculées autour de lui, mais c'est vers moi, qu'il est toujours revenu, car quelque part, je pense être la seule femme qu'il a aimée à ce jour. Hélas, ses démons le lui ont fait oublier trop souvent, et ont tué notre couple...

« On passe toute sa vie d'adulte à guérir ses blessures d'enfance. » comme disait Jacques Brel.

Ce week-end, mon frère s'est marié. Devant tout cet amour et toute cette complicité, j'ai réalisé une nouvelle fois à quel point, la famille et le mariage étaient importants pour moi. En fait, ils sont la base de ma vie. J'étais faite pour avoir des enfants et pour m'occuper des miens, comme d'autres sont faits pour être chercheurs ou magiciens. J'aime m'occuper des gens que j'aime, les entourer, veiller à leur bien-être et à leur bonheur est, pour moi, vital.

En y repensant, c'est peut-être mon problème.

En effet amener le petit déjeuner à mon mari, aller lui acheter les croissants et « l'Equipe », ne me pesait pas. Je le faisais avec tout mon amour. C'est aujourd'hui que je me rends compte, que jamais, il n'a fait de même pour moi.

La remise en question de mon mariage, m'a fait me retourner sur le parcours de mes quarante-six ans de vie. Cela m'a fait faire son bilan. J'en ai longuement parlé avec mon frère, avec qui j'ai un lien très fusionnel, et qui est toujours très direct avec moi, même au risque d'être parfois blessant...mais qui justement, il a cette capacité à m'éclairer.

Il m'a rappelé ce besoin qui est le mien, depuis toute petite, d'être aimée.

D'où me vient ce besoin ?

Mes parents ont toujours été des parents aimants et très présents. Ils ont aimé et soutenu leurs trois enfants.

 D'où me vient cette faille ? Cette fragilité ?

Car finalement, elle a déterminé ma vie toute entière, mes choix dans ma vie de femme, et ma manière d'élever mes quatre enfants. J'ai cherché, bien sûr, et mes années d'analyse avec l'aide de mon psychothérapeute, ont abouties au fait que je serais finalement assez proche d'une personne atteinte du syndrome du sauveur...

Petite parenthèse

*Le syndrome du sauveur,
Ou quand l'autre joue le Saint-Bernard*

Dans certains couples, il arrive qu'un des deux partenaires joue le Saint-Bernard à plein temps pour voler au secours de l'autre… Qu'il lui ait ou non demandé son aide. Endosser le costume du sauveur, sous couvert de générosité, peut nuire au couple et emprisonner dans un rôle pas si gratifiant que cela !

Je m'en rends compte aujourd'hui. Pas si gratifiant, mais surtout, dont on ne sort jamais.

Se soutenir dans un couple, dans les bons comme les mauvais moments, est tout à fait naturel, voire souhaitable. Dans une relation saine, le partenaire offre son aide par amour, avec compassion et n'attend rien en retour. Annuler un dîner important pour préparer le repas à son amoureuse sévèrement grippée, prendre en charge la maison quand son Homme doit présenter un dossier crucial… S'aider quand l'un des deux rencontres des difficultés est normal, d'autant plus que la plupart du temps cette situation reste ponctuelle.

Toutefois, il arrive aussi que l'un des deux partenaires joue le Saint-Bernard à plein temps !

C'est ce qu'on appelle le "syndrome du sauveur". Comme le décrit si bien la psychanalyste Mary C.Lamia dans son ouvrage dédié à ce thème, "son unique mission est de sauver l'autre. Il se dévoue entièrement à pallier ses défaillances ou à lui faire oublier sa tristesse, ses problèmes d'argent, de travail, de santé, etc.". Pour que ça marche, bien sûr, il choisit un partenaire très vulnérable, et prend soin, bien inconsciemment, de figer la relation dans ce double-jeu de rôle "sauveur/sauvé" sans lequel elle ne tiendrait pas ! Qui sont-ils, quelle est leur motivation et comment sortir de ce rôle ?

Un partenaire trop empathique…

"Le sauveur s'inquiète tout le temps pour son partenaire" expose la psychologue Marilyn J. Krieger, co-auteur de l'ouvrage "Le syndrome du sauveur". "Est-ce qu'il va s'en sortir dans son nouveau poste ?" ; "Est-ce qu'il va savoir gérer telle difficulté familiale ?"… Autant de questions qui taraudent le sauveur, à croire que l'autre est perdu sans les conseils ou les actions avisés de sa moitié. Sans attendre qu'on lui demande quoi que ce soit, le sauveur va donc tenter de régler les problèmes à sa place.

C'est vrai, mais très souvent, et ce fut le cas de mes deux maris, ils étaient incapables de gérer les problèmes et avec le recul, trop égoïstes. Car c'est bien là le nœud du problème.

J'ai eu des torts, bien sûr si j'ai été trop invasive dans la vie de notre couple et trop décisionnaire, mais c'est aussi que tous les deux avaient trouvé quelqu'un sur qui, enfin se reposer.

Car de tous deux, j'étais profondément amoureuse. Je voulais que notre couple fonctionne, quitte à prendre en charge, tous les problèmes, je le reconnais. Mais que faire, lorsqu'Yves a eu son accident, c'est moi qui me suis occupé du dossier pour les assurances, il ne l'aurait jamais fait ! Ou lorsque nous avons appris la maladie d'Alec. Suis-je fautive ? Qui m'a dit « arrête, je vais le faire ! » Personne. Et il en a été ainsi tout le temps, durant toutes ces années de mariage.

J'aurais pourtant souhaité, que mes partenaires, à un moment donné, se prennent en main et qu'enfin, nous nous complétions. Oh oui, je l'aurais souhaité.

Ça n'est jamais arrivé, est-ce ma faute ?

Jamais mes partenaires n'ont quitté cette apparente fragilité. Je dis apparente car, lorsqu'ils passaient la porte de notre maison, ils redevenaient, ou du moins, semblaient être des hommes à part entière. Ce qui me confortait dans mon rôle, mon aide les tirait vers le haut. Si j'ai choisi des hommes qui avaient besoin d'aide, eux, par contre ont bel et bien choisi une femme prête à tout pour les aider. Je le comprends aujourd'hui…

J'aurais parfaitement tombé le costume, si j'en avais eu l'occasion. Elle ne s'est jamais présentée. Je dois dire aussi, que je n'ai jamais, au grand jamais revendiqué, cherché, demandé le moindre remerciement. Jamais ! Tout ce que j'ai fait, je l'ai fait par amour. Si j'ai eu tort…je suis la première à en souffrir.

Je dois dire aussi, que je pense à mon âge, me connaître. J'ai toujours eu de l'empathie pour les autres. J'ai toujours aimé venir en aide à mon prochain.

Je ne veux en aucun cas, que mes mariages, m'enlèvent cette faculté.

Oui, j'ai aimé des hommes qui avaient besoin d'être aidés, et qui avaient, je l'ai compris par la suite, des « problèmes » avec leur mère. Yves, n'a-t-il pas dit à la sienne au début de notre relation, « oui, tu m'as mis au monde, mais Sandrine m'a donné la vie. » ?

Certes, ils avaient besoin d'aide, mais en aucun cas, je n'ai envisagé de les porter à bout de bras toute leur vie. J'espérais une fois remise sur pieds, qu'ils seraient des partenaires à part entière. Le fait est que tout au long de ces années, j'ai toujours gardé le sourire. Mes amies me le faisaient remarquer à juste titre.

C'est mon caractère. J'aime la vie, je pense que malgré mes malheurs, j'ai toujours eu conscience de mon bonheur.

La venue de mes enfants et l'amour que j'ai eu pour leur père m'a porté. Jusqu'à ce que je réalise, que j'étais de plus en plus seule.

Et là encore, l'amour que j'ai pour mes enfants me faisait sourire. Je suis de ces femmes qui ne pleurent pas en public et finalement, les gens, autour de moi, ont toujours pensé que tout allait bien.

Oui, je me suis battue. Oui, j'ai fait face. Oui, j'ai espéré.

Mais, il est indéniable que j'ai toujours souhaité être aidée et secondée.

Qui ne le souhaiterait pas, dans les épreuves que j'ai traversées ?

J'ai choisi les pères de mes enfants certes, mais je croyais qu'avec le temps, ils grandiraient et qu'il serait là pour notre famille, comme moi je l'étais.

Lorsqu'on offre une famille à un homme, que l'on accepte de porter ses enfants et que l'on est à la fois, bonne mère et bonne épouse, il est juste, je pense, d'espérer un minimum en retour.

A nouveau, je reconnais, j'ai choisi le père de mes enfants. Mais je ne les ai pas pris de force.

Etienne a accepté Mélanie, ce premier enfant inattendu, lorsqu'elle s'est présentée. Et Yves qui pouvait, vu son nom, épouser une femme riche, seule, et monégasque, m'a bien choisie, moi. Il m'a suppliée.

Alors ?

Je repense beaucoup, en ce moment, à l'époque où j'ai connu Yves !

Je me replonge dans ces périodes dures que je traversais à l'époque, et je m'interroge : où ai-je commis une erreur ?

Car si l'on me demande si je regrette, je dirais non. Immédiatement. Mais ce qui est sûr, c'est que je ne le referais pas. Je repense, à Yves à genoux devant moi, me demandant, me suppliant de l'épouser. Je revois ses larmes à l'église et tout au long de cette journée. Ses larmes encore, lorsqu'au retour de voyage de noce, il me demanda, que dis-je, il me supplia, de lui faire un enfant, alors que je l'avais prévenu que je n'en voulais plus.

Non, si c'était à refaire je ne le referais plus.

Aujourd'hui, les larmes sont pour moi.

Les douleurs et les regrets aussi. En me retournant sur ces années, j'ai donné, j'ai donné…et attendu, en vain.Pourtant, je ne suis pas tombée amoureuse de lui tout de suite. Il avait eu un véritable coup de foudre.

L'amour est venu avec le temps pour moi. En voyant Yves, avec mes enfants, je le redis encore, il s'est occupé d'eux mieux qu'un père. Mieux que leur père. Et je l'ai aimé, profondément et je me suis dévouée durant quinze ans, contre vents et marées.

S'il aimait mes enfants, il saurait m'aimer et aimer notre famille, en prendre soin. A trente ans passés, un homme sait décider de ses choix. Du moins je le croyais…

Hélas, très vite, lui aussi, a vécu de plus en plus en dehors de notre foyer, se laissant bercer par le chant des sirènes. Moi, je tirais notre couple, n'ayant pas encore conscience que je pédalais toute seule, sur mon vélo à roues carrées.

De l'amour à la désillusion, que de chemin. J'ai accepté, tant de choses. J'ai pardonné tant de choses. De la boisson au jeu. Des femmes…aux filles… De mensonges de plus en plus gros, en mensonges de moins en moins crédibles. Des absences de plus en plus longues, à l'abandon le plus total.

Dans la série de ceux qui restent, je ne peux passer sous silence, l'attitude de ma sœur. Quitte à blesser les miens, je dois en parler.

Est-ce une rivalité commune entre les sœurs ?

Y-a-t-il chez elle une jalousie, vis-à-vis de moi ? Je ne sais. Pourtant, lorsque nous étions adolescentes nous étions si proches. Hélas, depuis, les choses ont bien changé. Bien sûr, il y a eu des signes avant-coureurs. Mais j'ai toujours mis ses réactions et sa manière de me copier sur le compte de l'admiration de la petite sœur envers la grande.

Par exemple, elle a toujours essayé de se rapprocher des hommes de ma vie. Lorsque nous avons grandi, elle essayait toujours de me piquer mes flirts. Sûrement une attitude commune à toutes les sœurs cadettes.

Le fait de travailler avec Yves, les a un temps rapprochés, et j'ai regretté que la complicité qui les unissait, ne soit pas partagée avec moi. J'aurais aimé, qu'elle soit présente, qu'elle partage mes douleurs, qu'elle soit à mes côtés.

Il ne faut pas croire que j'écris ces mots de gaité de cœur. C'est encore un deuil, une petite mort que j'ai dû accepter. Il le faut bien. Je n'ai plus l'intention de prendre sur moi et de supporter la jalousie, la méchanceté et la bassesse, l'égoïsme des autres, quels qu'ils soient !

Ils ont leurs soucis ? Et moi ?

J'ai conscience que ma vie avance. Je vais devoir me battre pour Alec, pour Zoé, pour Arnold et Mélanie. Pour ma petite fille, Mila. Oui ! Il va falloir compter avec elle maintenant. Je dois concentrer mes forces pour des combats vitaux, pas pour me protéger des perversions de qui que ce soit.

Ceux qui ne m'aiment pas ne me méritent pas. Il en sera ainsi désormais. Je sais à quarante-six ans, ce que je vaux, ce que je veux, et par-dessus tout, ce que je ne veux plus.

Chapitre XI

Le monde d'Alec

Nous avons abordé, tous les sujets, toutes les batailles, tous les moments difficiles mais aussi les bons moments car il y en a eu. J'espère avoir fait partagé mon quotidien, mes luttes, mes petites morts. Je suis passée sur certaines longueurs que je n'ai pas voulu évoquer plus que ça, comme les pertes de temps, les heures passées au téléphone, les fins de non-recevoir qui se multipliaient, les secrétaires qui s'imaginent diriger des « holding » et non pas des centres pour enfants et parents, dans l'angoisse et le besoin. Celles aussi qui se prennent pour des médecins et qui font barrage et vous donnent, elles-mêmes, conseils et médications. Je rends hommage à toutes celles et ceux pour qui leur travail est un sacerdoce, car il y en a eu aussi, heureusement. Je m'aperçois ici, que certains moments ont été si durs, que j'ai fait ce que je n'aurais jamais imaginé faire…je les ai zappés !

Mais, pour que mon histoire soit complète et compréhensible, il me faut vous faire partager le monde d'Alec. Le monde dans lequel mon fils est contraint de vivre, puisque la maladie l'y force.
Il y a six ans, nous étions partis en vacances dans le Var, c'était le mois d'août.
Alec était déjà bien malade, mais s'il avait perdu complètement l'usage de la parole, il arrivait encore à marcher en nous tenant la main. Il avait toujours son appétit d'ogre.
Bien sûr, c'était un petit garçon de 7 ans qui portait des couches, et il nécessitait une surveillance constante, mais il participait encore à la vie de la

maison et notre famille conservait cet air de normalité si cher à mon cœur. Un matin, Yves et moi, recevons un appel de madame Martin, la directrice de l'IME. Cet appel faisait suite à toutes les démarches, tous les combats, tous les « sittings » au Conseil Général, entre autres.

Madame Martin, nous annonçait qu'une place en semi-internat venait de se libérer et que dès notre retour de vacances, nous serions les biens-venus pour visiter le centre et mettre en place une période d'adaptation pour Alec.

Son intégration se ferait avec un groupe d'internes, le semi-internat étant encore fermé pour cause de vacances, contrairement à l'internat qui lui ne ferme jamais. Je donne ces précisions, pour la compréhension de la suite.

Gonflés à bloc, nous rentrons, vacances terminées, et nous préparons en famille pour la rentrée de chacun. Le jour fixé pour le rendez-vous, nous partons tous ensembles, visiter le lieu où notre Alec va d'ici peu, passer énormément de son temps.

Imaginez...

Mon fils ne m'a jamais quitté, ou si peu, quelques heures par-ci par-là, pour le CESSAD, à Menton, où il passait le jeudi avec son éducatrice. Mais rien de plus. Alec ne me quittait pas, et là, nous arrivons, heureux, il faut bien le dire, car nous savions que c'était inéluctable, et que la prise en charge serait la meilleure possible.

Nous étions conscient que s'il était un peu plus éloigné de nous, c'était vraiment pour son confort de vie, sa prise en charge…et quelque part « sa propre vie ».

Les « autres » allaient à l'école, lui allait commencer « son école », comme ses frères et sœurs, il partirait le matin et rentrerait le soir, deux jours par semaine, les lundis et jeudis.

Nous étions donc heureux et confiants. Notre humeur était au beau fixe, et nous n'attendions de cette journée, que du bonheur !

Nous arrivons devant un établissement magnifique, entouré d'oliviers, dans un mignon petit village sur la colline…bref, le paradis sur terre.

Le jardin, superbe. Le bâtiment ressemble de l'extérieur à n'importe quelle structure pour enfant. Une école tout à fait normale. Seul signe avant-coureur d'une différence, le nombre de places handicapés sur le parking…

Nous passons un premier accueil. Un sas fermé à clé. Puis un second, également fermé à clé, et là, nous nous retrouvons dans un milieu auquel nous ne nous attendions pas, pour lequel nous n'étions pas préparés, pour lequel personne n'est préparé.

Mes propos risquent de choquer et même je m'en excuse par avance.

A l'époque, Alec avait encore un minimum de mobilité, il tenait encore assis, ses jambes le portaient encore et c'était un petit garçon, handicapé, certes, mais d'allure, « normale »…

Nous nous retrouvons entourés d'enfants, d'adolescents très handicapés, puisque ceux qui vivent en internat, et c'était le cas pour ceux qui soudain, gravitaient autour de nous, avaient de lourds, de très lourds handicaps leur limitant toute sortie.

Des jeunes souvent en surcharge pondérale pour le moins. Dont le handicap souvent effrayant nous les fit apparaitre, je le regrette aujourd'hui, comme des « monstres ».

Je conseille à ceux qui auraient tendance à nous juger, d'aller faire un tour, dans un de ces centres, et d'imaginer y laisser un des leurs.

Non seulement, nous mettions les pieds dans un endroit peuplé de «monstres», je le répète, mais nous allions devoir accepter d'en faire le quotidien de notre fils. Il serait dans un futur proche, au milieu de ces handicapés lourds, qui ne communiquaient pour la plupart que par des cris.

Mon Alec à cette époque est encore un enfant magnifique, dont le visage angélique est entouré de boucles blondes. Ses grands yeux sont vivants et encore pleins de compréhension…bref, nous sommes déchirés.

Les résidents s'approchent de nous, tentent une sorte de contact, mais nous sommes horrifiés.

Horrifiés par cette enfant géante et énorme qui porte une couche et tète une sucette de nourrisson.

Nous sommes effarés par cet enfant à tête « d'olive ».

Nous sommes désespérés par cette fillette qui fixe une affiche sur le mur comme si c'était la télévision.

Nous hallucinons au milieu des cris, de la bave, des corps tordus et des odeurs.

Malgré tout, nous progressons, Alec, que je tiens par la main, marche, de manière maladroite près de moi, et parfois se blottit contre mes jambes. Yves nous suit. Arnold aussi, sans un mot… bref, nous finissons cette pénible visite et ressortons.

Mon mari et moi, nous regardons et la première chose qui sort de notre bouche, quasiment en même temps, c'est que notre fils n'a pas sa place dans ce « zoo »…

Comment expliquer ?

Dans l'atmosphère confinée de cet établissement, nous avions eu l'impression d'être tombés sur la tête. Rien n'était normal pour nous, ni les enfants, ni la tranquillité affichée du personnel soignant.

Tout nous choquait. Tout nous était insupportable.

L'idée même d'y laisser mon fils me révoltait.

C'est horrible, je sais, car aujourd'hui, c'est la maison d'Alec, mais c'est aussi ma famille, et lorsque je repense à ce premier contact, je retrouve les mêmes angoisses, les mêmes peurs qu'à l'époque.

Pourtant maintenant, je remercie Dieu , tous les jours, d'avoir pour mon fils dont la maladie a évoluée, un endroit si plein d'amour, de renoncement, de don de soi.

En fait, lors de cette première visite, nous étions des intrus. Nous perturbions le monde clos mais bien huilé de toutes ces personnes qui y ont fait leur place, mais aussi, des éducateurs qui les y aident. Nous amenions notre « normalité » dans un monde qui n'en avait plus, mais dans lequel nous ne nous reconnaissions pas, duquel nous ne voulions pas, et auquel nous ne voulions en aucun cas appartenir. Que celui qui n'a jamais été dans un centre tel que celui-là, nous jette la première pierre...Heureusement, le premier choc passé et le premier mouvement de rejet dépassé, nous sommes revenus à de meilleurs sentiments, mais il faut un moment d'adaptation, une certaine acceptation et une sagesse immense pour en arriver là.

Cet établissement est à l'image de la personne qui la dirige, et de ceux qui y travaillent. Il y règne une douceur, une gentillesse, une disponibilité, une sagesse, un soutien...tout.

Les mots manquent pour décrire ce qu'est cet établissement et ce qu'est le personnel.

Nous les parents d'enfants différents, nous pouvons remercier chaque matin, d'avoir un endroit avec autant d'amour pour les entourer et prendre notre relais. Nous sommes à un moment donné de la vie des nôtres, obligés pour leur propre confort, de passer par des centres tel que cet IME, car nous serions incapables, d'apporter tous les soins et tout le bien-être que l'on y trouve à ceux que nous aimons.Le plus dur était juste d'apprendre à déléguer et à accepter l'inéluctable.

Epilogue

Nous sommes aux portes de décembre. Période des fêtes pour quasiment tout le monde.

Pas pour moi !

Décembre, c'est l'hiver.

L'hiver pour Alec, c'est la période des rhumes, des encombrements pulmonaires. Comme pour tout le monde, me direz-vous !

Non. Pour mon fils, c'est l'entrée dans un engrenage. Un petit rhume, pour lui dont la capacité pulmonaire est réduite, à cause de la bosse qui s'est développée dans son dos. Résultat de sa scoliose, qui atteint aujourd'hui soixante-trois pourcent...

C'est l'escalade infernale vers l'infection pulmonaire la bronchite infectieuse…

Se moucher est tout simplement impossible pour mon fils, et nous commençons cette horrible période où je m'occupe de lui avec un masque, pour éviter de l'infecter, où sa gastrostomie sert également à passer ses médicaments.

Nous avons déjà vécu ça, le 26 décembre 2010, il avait été hospitalisé, et j'ai déjà failli le perdre. J'avais même fait venir un prêtre et signé les papiers contre l'acharnement thérapeutique, car le médecin m'avait fait comprendre que ce miracle de Noël ne se renouvellerait certainement pas…

Là aussi, je peux m'appuyer sur toute cette équipe de l'IME, je les appelle aussi souvent que je veux, pour des nouvelles en direct sur son état, sa température, sa manière de respirer, de se nourrir…

Je sais que même le goûter que j'aime lui donner par la bouche, m'est interdit. Une simple fausse route et ce sont les urgences, direct.
Ils sont bien les seuls sur lesquels je peux m'appuyer.

Yves, n'est pas au courant du dernier rhume de son fils. Je pense que les angoisses qui m'assaillent en ces premiers jours d'hiver lui sont étrangères. Il est tout à sa Love story, avec sa nouvelle compagne…enfin Love story, je connais mon (encore) mari !
Il a besoin d'une femme pour l' « hygiène ». Elle est là pour ça. Sinon, il ne me répèterait pas à longueur de temps qu'il m'aime et que je suis la femme de sa vie…et que je le serai toujours,

Pourtant, il se protège. Son fils fait déjà partie de son ancienne vie, c'est sa manière à lui de ne pas souffrir.
En a-t-il le droit ? Se protéger, de cet enfant qu'il a tant voulu ?

C'est donc encore seule que j'affronterai le pire.
Certes il pleurera, mais entre deux aventures, deux verres, deux parties de poker ou deux tiercés.
Il trouvera toujours une épaule, aussi quelconque soit-elle, assez douce pour se remettre de ses larmes.

Une mère jamais !

La mère que je suis, va par contre devoir assumer le divorce qui l'amènera à dépendre d'une pension alimentaire (750 € pour Alec, Zoé et moi…)
Bien sûr devant cette somme dérisoire qui m'est allouée par Yves comme un cadeau, je vais devoir retrouver un travail. Oui, mais lequel ?
J'aimerais tant….

Premièrement, je ne suis pas libre de mes journées, puisque, en plus de Zoé, que je pourrai bien sûr gérer seule, comme beaucoup de maman, il y a Alec.
Et même si son père l'a laissé déjà sur le bord de la route, comme Zoé, d'ailleurs, je ne le laisserai pour rien, ni personne.
Alors, quelle est la solution ?
De plus, depuis quinze ans, je n'ai (forcément) cotisé à aucune caisse de retraite…J'étais trop occupée à subvenir au bien matériel des miens, et soit dit en passant, à pousser Yves à cotiser pour la sienne.
Donc, pour que mon mari puisse vivre sa vie, soit je ne vis pas, avec sa mirobolante pension, soit je laisse mes enfants, pour me remettre dans le circuit du travail à presque cinquante ans…
Et pour en finir, la mauvaise période, est là. C'est pour cette raison que j'ai prévenu mon Alec, car je sais que tout peut arriver. Je l'ai libéré, en lui expliquant que quoi qu'il se passe, il pouvait lâcher la « rampe », qu'il ne devait pas s'accrocher à cette vie pour moi, que je serais assez forte pour supporter même son absence.

Je suis la seule à pouvoir le faire, car je l'aime assez pour cela.

C'est de l'amour pur.

Accepter de souffrir pour que ceux que l'on aime, ne souffrent plus.

Je ne pense pas que ce soit courant de le dire à son enfant.

Et je ne le souhaite à personne…

A la recherche du prince charmant…

Oui, des jours sombres m'attendent. Je sais qu'Alec partira avant moi. Ce n'est pas dans l'ordre des choses. Les parents ne devraient jamais enterrer leurs enfants.
Et pourtant. C'est ce que je vais devoir faire, un jour.
Mais la vie est là, avec Zoé, avec Mélanie, Arnold, et aujourd'hui, Mila.

Ainsi va la vie, je n'apprends rien à personne. Elle est faite de grandes joies, et d'incommensurables tristesses. Il en est ainsi depuis la nuit des temps.
Mais j'aime la vie, et je l'aimerai jusqu'au bout. Malgré les larmes que je devrais encore verser et grâce aux larmes que je verserais encore.
Les larmes de tristesse et les larmes de bonheur, ont en commun, qu'elles nous poussent à grandir, comme l'eau grandit les fleurs, les arbres…la vie.
La vie c'est aussi cet espoir que le meilleur est à venir, malgré tout. Le meilleur avec mes petits-enfants, car ce bonheur que m'apporte ma petite fille, est inattendu et inespéré. Une grande découverte.

Mais aussi, je ne peux m'empêcher d'y croire, qu'un bel amour m'attend quelque part. Un amour sincère, un amour profond, un amour qui me comprendra lorsque je parle, mais surtout lorsque je me tais.

Un amour qui saura partager mes joies, c'est si facile, mais aussi mes peines et c'est là le plus difficile.

Cet amour devra être l'épaule sur laquelle je pourrai pleurer, lorsque le plus dur viendra. Une épaule qui attendra que mes larmes se tarissent pour reprendre avec moi, les rires et le bonheur.

Je sais que ça existe et c'est « ça », que je veux.

Je le mérite, j'y ai droit, de la même manière, que toutes les femmes y ont droit.

Je ne demande pas le « Ritz ».Non ! Un pan-bagnat au Parc du Pian, suffit à mon bonheur, si je le partage avec la personne que j'aime.

Car c'est ça aussi le bonheur ! Des moments simples d'échanges, avec les personnes qui nous sont chères.

Je pense, que ce témoignage, loin d'être un hymne à la tristesse et à la tragédie, est au contraire, un grand cri, d'amour et d'espoir envers la vie.

Un témoignage aussi, des ressources immenses et insoupçonnées, que nous gardons enfouies au plus profond de nous-mêmes, mais que nous savons aller chercher, lorsque le besoin s'en fait sentir.

Certes, comme me l'a dit quelqu'un un jour, je n'ai pas le monopole du chagrin. Mais, je pense en connaître assez sur le sujet, pour savoir de quoi je parle.

Il est presque devenu, tout au long de ces années…un ami, celui qui vous accompagne, mais ne vous quitte jamais.

Je n'ai pas dit non plus, qu'il était un bon ami !!!

Voilà, je pense, au terme de ce long récit, que je vous aurai fait partagé un peu de mon combat, de mon quotidien, mais surtout de mon espoir et de mon amour…pour mes enfants, ma famille, mes amis.

Quant au « Prince »…viendra-t-il un jour ?

TEMOIGNAGES

C'est avec beaucoup de modestie et infiniment de bonheur, que j'ai proposé à Sandrine de l'aider dans l'écriture de ce livre, lorsqu'elle m'a fait part de son désir de coucher par écrit, l'histoire de sa vie, au travers de la maladie de son fils Alec.

Si je pense avoir bien cerné son personnage, je préfère laisser la place ici, aux différents témoignages d'amies intimes, qui l'on côtoyées bien plus longtemps que moi, et connaissent sa vie extrêmement mieux, et aux membres de sa famille, qui ont tenu à lui exprimer leur…affection.

Je sais à quel point l'entourage est important. Il y a la famille, que l'on ne choisit pas selon le dicton populaire, et les amis.

Et là, non seulement on choisit, mais on sélectionne !Je sais de quoi je parle !C'est pour cette raison, que lorsque les amis de Sandrine, ont demandé à apporter à ce livre, un témoignage d'amitié, mais aussi un témoignage de vie, j'ai trouvé que c'était une très bonne chose.

Parmi les premiers à se proposer, il y a eu Géraldine, Gégé, Gé ! Elle est l'épouse de Laurent le frère de Sandrine, et elles sont très proches depuis toujours. En plus d'être de la famille, elle est l'amie, l'oreille, la confidente et c'est réciproque. Elles habitent le même immeuble, l'une au troisième, l'autre au quatrième et partagent tout.

Je lui laisse la parole.

Deloof Gisèle

« En tant que mère moi-même, bien que de quinze ans sa cadette, j'ai toujours admiré, la manière dont Sandrine gérait sa famille, surtout lorsque la maladie d'Alec s'est déclarée. Mélanie et Arnold étaient adolescents et elle a réussi à dédramatiser la maladie. Elle gardait le sourire, remettait les choses à leur place, et faisait que la vie continuait , malgré tout, à avoir un semblant de normalité, au milieu du drame. Je sais pourtant que ce n'est pas sans douleur. Je sais que c'est en prenant sur elle, en se faisant violence, afin de tenir le coup.
Je me disais de mon côté, qu'à sa place, j'aurais plongé dans la dépression.
Pas elle.
A chaque coup dur, à chaque progression de la maladie, à chaque recul de la normalité, elle trouvait en elle, la force pour cette nouvelle bataille.

Plus ! Elle arrivait à se battre aussi pour les autres. Pour les parents dans la même situation qu'elle. Pour les places dans les centres, pour les allocations aux mères qui ne pouvaient pas travailler en s'occupant de leur enfant « différent ».

Pour les soins qui étaient plus ou moins bien adaptés… bref, chaque combat l'aguerrissait et la relevait. Si elle tombait, c'était pour quelques heures.

Elle pleurait et repartait.

Nous avons tout au long des années qui viennent de s'écouler, vécu une vie et une relation complètement normale. Nous avons eu des soirées mémorables de rire et de partage. Elle a toujours été la première à qui j'allais raconter mes angoisses et mes misères, car loin d'être recentrée sur son malheur, elle est restée ouverte et compréhensive envers les autres. De mon côté, si j'ai toujours cherché à être présente et à l'épauler, il n'est absolument pas dans son habitude de demander de l'aide.

Alec, c'est Sandrine qui le gère, c'est un fait. Elle est décisionnaire par rapport à tout ce qui le touche. Mais voilà, je voudrais rendre compte ici, d'une chose que je n'avais pas comprise, ou du moins que j'avais mal réalisée. Mélanie, l'ainée de Sandrine vient d'avoir sa fille ; du coup, exceptionnellement, la nouvelle et si fière grand-mère, m'a demandé si je pouvais garder Alec, histoire qu'elle coure voir sa petite fille.

C'est bien simple, d'une, je n'ai pas réussi à brancher sa gastrostomie, et de deux, j'ai porté mon neveu, quelques minutes, et je suis restée bloquée toute la semaine. Le dos, le cou…et c'est là que j'ai réalisé que c'était le quotidien de ma belle-sœur. Cette femme avec qui j'ai des fous rires, des crises de larmes. Chez qui je « suis chez moi ». Chez qui mes enfants vont et viennent « comme chez eux ». Cette femme avec qui je partage tant. Et bien je n'avais absolument pas réalisé à quel point, elle était forte physiquement aussi.

Je connaissais sa force morale, j'ai découvert sa force physique.

J'en ai été la première surprise.

Il y a également une autre chose sur laquelle je tiens à dire un mot. Elle a tellement dédramatisé la maladie d'Alec, tellement normalisé la place qu'il occupe au sein de la fratrie, que mes enfants, nés depuis, puisque mon fils Joey, a six ans et ma fille Jenny, quatre, sont aussi à l'aise avec lui qu'avec Zoé. Ils ont pour lui une affection et une attention touchante. Jenny se glisse dans son lit et regarde les dessins animés, avec lui. Elle est de plus très maternelle et toujours prête à prendre soin de lui. Elle n'hésite pas à le masser, le débarbouiller…une vraie petite mère.

Mes enfants et Zoé ont un peu été élevés comme frères et sœurs. Même avec un enfant handicapé comme Alec, lorsque je suis en saison- nous avons un restaurant mon mari et moi-, elle emmène mes enfants avec elle. Elle part donc en « vacances » avec Zoé, Joey, Jenny et également Jean-Pierre le fils ainé de mon mari, et bien sûr ses deux ainés, Arnold et Mélanie.

Les vacances sont donc le départ d'une tribu. Les enfants vivent entre le troisième et le quatrième étage, chez moi, chez Sandrine, et lorsqu'ils jouent dans la chambre de leur « grande » cousine, Joey ou Jenny vont régulièrement voir Alec et rendent compte à Sandrine :

- Tata, Alec a bavé. Tata, Alec a le nez qui coule. Tata, remets le dessin animé à Alec…

En résumé, Sandrine est la sœur que je n'ai jamais eue et que j'aurais choisie. Elle est proche de moi, au point me connaître par cœur et de me deviner. Je peux lui parler de tout. Elle me parle de tout. Nous sommes liées par une affection que je ne peux et ne veux décrire.

J'ai de plus pour elle une admiration sans borne et c'est pour cette raison, que je tenais à apporter dans ce livre, mon humble témoignage. Il est inutile que je lui dise que je l'aime, elle est déjà au courant. »

Géraldine

Dans la continuité je laisse la « parole » à son amie, Laetitia.

« Il y a des rencontres que l'on fait tout au long de sa vie, des rencontres amicales, amoureuses, anecdotiques, surprenantes, et parfois il y a La rencontre, celle qui nous marque à tout jamais et j'ai eu la chance de faire cette rencontre.

Ma rencontre c'est elle ...Sandrine Fort ! Le courant passe rapidement malgré ces quelques années qui nous séparent. Elle est si souriante , si belle, si pétillante et toujours prête à donner des conseils. Je l'apprécie beaucoup et pourtant , je ne sais rien, j'ignore tout. Elle est ce que je voudrais être, une super maman de quatre enfants, une femme dynamique souriante et pleine de vie.

Et puis j'apprends, on me raconte, je n'en crois pas mes oreilles et pourtant si ; Sandrine, ma Sandrine, ce n'est pas croyable, son enfant, son bébé, son tout petit, non pas elle !!!!!!!! Comment peut-elle être ce qu'elle est avec ce qu'elle vit au quotidien depuis toutes ces années ???

Et bien c'est ça Sandrine, c'est cette femme extraordinaire qui se bat depuis toujours pour le fruit de ses entrailles, cette femme qui est dotée d'une force d'un courage et surtout d'un amour démesuré.

Alors oui vous me direz beaucoup de mamans font face à des épreuves parfois presque insurmontables, mais cette femme dont je vous parle, elle le fait avec perfection.

Avec amour pour tous les gens qui s'occupent d'Alec.

Avec respect envers toutes ses équipes médicales.

A l'écoute de toutes ces nouvelles qui sont de moins en moins bonnes.

Et elle fait front, seule avec sûrement des doutes , des craintes, mais tout ça personne ne peut le dire parce qu'elle ne le montre pas.

Elle montre juste sa détermination.

Elle sait ce qu'elle veut et surtout ce qu'elle ne veut plus.

L'éducation parfaite et l'amour qu'elle donne à ses trois autres enfants toutes les petites attentions qu'elle a envers chacun, ses oreilles à leur écoute, son sommeil mis entre parenthèse depuis tant d'années, les heures au téléphone à rassurer, protéger, conseiller sans jamais juger.

Une lionne comme elle le dit si bien ...

Cette personne est mon amie et croyez-moi il vaut mieux l'avoir comme amie que l'inverse parce que sa gentillesse et sa douceur n'empêchent pas son fort caractère voir sa "grande gueule" et les " merde, connard et putain " n'auront jamais autant de classe que dans la bouche de Sandrine moulée dans une petite robe perchée sur des talons hauts et au brushing impeccable.

Vous l'adorez ou la détestez mais elle ne peut vous laisser indifférent ; et si vous la détestez c'est parce qu'elle le veut ainsi ...

Elle est à toute épreuve tant à l'aise avec un pique-nique au bord de la mer que dans les plus beaux restaurants de Monaco.

Et elle n'a plus rien à prouver en tant qu'épouse ou mère parce que Sandrine c'est le don de soi, la générosité.... le dynamisme... Elle s'est oubliée pour se consacrer aux autres, ses maris, ses enfants, ses amis...Elle s'est entièrement sacrifiée pour eux.

Je profite de ce moment qui m'est donné pour te dire que je t'aime et que tu es un modèle

Sandrine.... Merci de m'avoir laissé entrer dans ta vie.
Tu m'as donné une grande leçon par ta joie de vivre, ton courage et ta détermination. Je serai toujours là pour toi … »

Ton amie Laetiti

Et pour terminer, le plus beau témoignage qui puisse être pour une mère, celui de Mélanie, sa fille.

« Lettre à une femme d'honneur,

Moi Mélanie, ta fille, ton aînée, ta poupée , profito de cette opportunité qui m'est offerte pour t'écrire ces sentiments enfouis.

Selon la définition du dictionnaire une maman est "le parent biologique ou social de sexe féminin d'un enfant".
Et bien, ils sont bien loin du compte pour ta définition Mme Sandrine Fort.
1m65 et une cinquantaine de kilos d'amour à l'état pur.
Tu as dû, durant toutes ces années nous protéger (mes frères ma sœur et moi). Nous protéger de l'environnement, des médisants.

Tu as su nous élever seule et nous n'avons jamais manqué de rien.

Toi et moi on en a eu des galères, passé du rire aux

larmes, des prises de tête aux gros câlins. Tu as su me réconforter après mes chagrins d'amour et m'éduquer pour être celle que je suis à présent : une femme, un petit toi.

Car, Oui tu es mon modèle. Ta force, tes peines, ton caractère !

Personne ne pourrait vivre ce que tu vis avec autant de classe.

" Ne jamais se laisser aller" m'as-tu appris.

Tu es une maman mais tu as aussi jouer le rôle du papa car NON le prince charmant n'existe pas et Oui il est plus facile de se délaisser des tâches fastidieuses et d'aller voir ailleurs que d'assumer les pleurs, les crises d'adolescence et les caprices.

Un événement a néanmoins bouleversé ma vie. La découverte de cette pourriture de maladie.

A toi mon petit Alec, mon frère. Non je ne m'y ferais pas, oui j'ai mal.

Oui je me rappelle, on était sur le parking en bas de la maison quand tu m'as dit ce qui aller se passer, que c'était irréversible.

Oui je l évite, j'ai honte. A l'époque comme toutes familles recomposées, je n'accepte pas. Je n'accepte ni Yves, ni cette grossesse.

J'ai dit des choses terribles et je m'en veux.

Pourra-t-il le pardonner un jour?

Au fond de mon cœur une voix me dit " c'est Ta faute ".

Moi j'ai choisi la fuite, et toi tu es là. Jour et nuit pour chacun d'entre nous, ta famille mais aussi tes amis.
Un enfant c'est pour la vie, car tu es disponible même quand du haut de mes 23 ans je t'appelle en pleine nuit pour te décrire ma gastro.

Et tout ça pour quoi ? Une reconnaissance ? Bien sûre que non, on le sait les enfants sont ingrats.

Tu as été là pour ma jeunesse et je serais là pour ta vieillesse.

Je suis aujourd'hui maman à mon tour, et effectivement comme tu me l'avais dit :« c'est Le plus dur métier du monde ».

Alors avis aux hommes qui veulent nous pourrir la vie, vous êtes mal barrés car ici vous êtes sur le territoire de La femme.

Toi ma maman parfaite qui a su guérir mes maux et mes chagrins amoureux, qui m'a préservée toutes ces années. Je t'aime de tout mon cœur. Merci d'être là, merci de nous rendre meilleur. »

Ta poupée jolie.

Pour leur dévouement ,leur gentillesse ,leur savoir faire ,en un mot leur amour , un grand merci à :

Magalie, Anne, Véronique ainsi que tous les éducateurs, infirmiers, Kinés, personnel médical du groupe CIAN .

Merci à sa directrice et à son sous- directeur qui dirigent cet IME !!..

Merci à 2 femmes formidables du conseil général :Dr Cunat et Mme Nguyen

Un grand merci à Messieurs Estrosi et Ciotti

A Jean Pierre Pernaut ..

Leur aide précieuse a permis de faire bouger tout un département

Merci aux urgences et aux services pédiatriques du CHPG de Monaco ..

A mes deux ambulanciers :Marcel et Binta

Merci à Marion et Olivier (Nice Matin)

Au soutien quotidien de mon meilleur AMI ...il se reconnaîtra

Merci a toi ma Gisèle pour m'avoir aidé à réaliser mon rêve ...celui de raconter mon histoire .Merci

aussi pour avoir durant tous ces mois ,fourni le café
et les kleenex …

Toute ma famille ,mes amis, ceux qui m'ont aidée
un jour d'un sourire ,d'un geste,
je vous aime …
Pardon à ceux que j'oublie de citer, dans mon cœur
,nul ne manque ...

Merci à Manon ...

A mes Enfants ....

Merci à toi Alec, pour tout ce que tu m'apportes
chaque jour. Tu m'as fait découvrir ce que j'avais de
meilleur en moi, en découvrant ce qu'il y avait de
merveilleux en toi.

Et enfin un grand merci, sincère aux pères de mes
4 enfants ...
Votre abandon total, a fait de moi la femme forte
que je suis aujourd'hui ...

Avec tout mon amour ....
Sandrine